D1727052

V

Neues Jahr –
neues Glück!

Literarische Texte
zum Geburtstag und zur Jahreswende

Herausgegeben
von
Wolfgang Erk

RADIUS

Wolfgang Erk, 1943 in Goslar geboren, war 1968 Redaktions- und 1969 Verlagsvolontär in Hamburg, anschließend freier Lektor. 1971 bis 1974 stellvertretender Pressestellenleiter der Ev. Arbeitsgemeinschaft für Weltmission in Hamburg. 1974 bis 1977 Dezernent für Publizistik im Landeskirchenamt der Evang. Kirche von Kurhessen-Waldeck in Kassel. Seit 1978 Leiter der Radius-Verlag GmbH in Stuttgart.

Im Radius-Verlag liegen von ihm u. a. vor:
50 Jahre RADIUS-Verlag
Eine Chronik (zusammen mit Martin Scharpe)
Autoren zu Gast – zu Gast bei Autoren
Journal eines Verlegers 1978–1998
Künstler zu Gast – zu Gast bei Künstlern
Aus meinen Gästebüchern. Zwei Bände

sowie die Textsammlungen:
Für diesen Tag und für alle Tage Deines Lebens
Ein Brevier
Ich kann Sie gut riechen
Ein literarisches Tabak-Colloquium (zusammen mit Ole Landschoof)
Literarische Auslese
Texte für jeden Tag des Jahres
Morgenglanz und Ewigkeit
Hundert Texte deutscher Dichtung
Tag für Tag
Literarisches Geburtstagsbuch (zusammen mit Martin Scharpe)
Viele gute Wünsche
Literarische Annäherungen
Vom Sinn (und Unsinn) einer solchen Zeitschrift in solcher Zeit.
Sonderausgabe zu DAS PLATEAU No 100

ISBN 978-3-87173-959-0
Copyright © 2014 by RADIUS-Verlag GmbH Stuttgart
Umschlag: André Baumeister unter Verwendung
einer Gouache (2013, o.T.) von Jochen Mühlenbrink
Auf holz- und säurefreiem Werkdruckpapier gedruckt
Gesamtherstellung: CPI – Clausen & Bosse, Leck
Printed in Germany

Zu diesem Buch

Geburtstag! Der ganz persönliche Fest- und Feiertag jedes Menschen. Im Stillen verbracht oder groß und üppig gefeiert. Man dankt für das vergangene Jahr (oder man ist froh, daß es endlich zuende ist) und freut sich auf das neue. Es werden Hoffnungen formuliert, und es wird Glück gewünscht, Gesundheit. Auch Gottes Segen. Und dann – ähnlich oder doch ganz anders – die Jahreswende: Silvester und Neujahr. Mit Pauken und Trompeten, mit Feuerwerkskörpern und einem Massenauftrieb wird gefeiert. Es gibt immer brennende Häuser und Scheunen, immer Verletzte… Oder, das gibt's eben auch, man bleibt allein oder allein zu zweit. Vielleicht zur Mitternachtsstunde in der Kirche mit Neujahrssegen und Musik. Ganz anders womöglich auf einer Almhütte oder am Meer…

Für alle, die in Besinnlichkeit solche Stunden verbringen, ist dieses Buch gedacht. Hier habe ich – angelehnt an die chronologische Folge der Geburtsjahre der Autorinnen und Autoren – Texte zum Rückblick und Ausblick für Geburtstage, für Silvester und Neujahr zusammengestellt. Heiteres und Besinnliches. Säkulares und »Frommes«. Im Anhang finden sich Stichworte zum leichten Auffinden von Themen und Motiven in der Lyrik und Prosa dieses kleinen Buches – und ich habe Vorschläge für literarische Veranstaltungen zusammengestellt. Jede Leserin, jeder Leser – alle »Nutzer« mögen diese Anregungen kürzen oder durch andere Texte aus der Sammlung ergänzen. Die Hinweise sollen lediglich eine Vielzahl von Möglichkeiten andeuten.

Vor genau vierzig Jahren, 1974, konnte ich eine erste Textsammlung »Zum neuen Jahr« vorlegen. Am Ende jenes Jahres, an Silvester, habe ich in der deutschen

evangelischen Gemeinde in Barcelona das Buch vor-
gestellt und daraus gelesen, und zwischen den Teilen
der Lesung wurde musiziert. So habe ich es auch in den
folgenden Jahrzehnten mit dieser und meinen anderen
literarischen Anthologien gehalten: Mit Anreicherung
z. B. von Orgel-, Klavier-, Cembalo- oder Cello-Recitalen
wurden in sakralen Räumen oder bei Festen und Feiern
zur Unterbrechung kulinarischer Genüsse Lesungen veranstaltet.

Ich beglückwünsche alle, die dieses Buch entdeckt
und zur Hand genommen haben und wünsche Ihnen
viel Freude und genüßliche Anregungen bei der Lektüre
dieser Texte: Vom Prediger Salomo über Michelangelo
Buonarroti (geboren 1475) bis zu Durs Grünbein (1962
geboren) ein üppiges Kaleidoskop über Vorsätze, Hoffnungen und Wünsche.

Stuttgart, im Januar 2014   *Wolfgang Erk*

Alles hat seine Zeit

Alles hat seine Zeit, jedes Geschehen unter dem Himmel
hat seine bestimmte Zeit:
Gebären hat seine Zeit,
und Sterben hat seine Zeit.
Pflanzen hat seine Zeit,
und Ausreißen hat seine Zeit.
Töten hat seine Zeit,
und Heilen hat seine Zeit.
Abbrechen hat seine Zeit,
und Aufbauen hat seine Zeit.
Weinen hat seine Zeit,
und Lachen hat seine Zeit.
Klagen hat seine Zeit,
und Tanzen hat seine Zeit.
Steine wegwerfen hat seine Zeit,
und Steine stapeln hat seine Zeit.
Umarmen hat seine Zeit,
und Sichmeiden hat seine Zeit.
Suchen hat seine Zeit,
und Verlorengehen hat seine Zeit.
Bewahren hat seine Zeit,
und Wegwerfen hat seine Zeit.
Zerreißen hat seine Zeit
und Zusammennähen hat seine Zeit.
Schweigen hat seine Zeit,
und Reden hat seine Zeit.
Lieben hat seine Zeit,
und Hassen hat seine Zeit.
Krieg hat seine Zeit,
und Frieden hat seine Zeit.
Was also hat, wer etwas tut, für einen dauerhaften Gewinn
von dem, worum er sich müht?

MICHELANGELO BUONARROTI (1475–1564)

Alles endet, was entstehet.
Alles, alles rings vergehet,
Denn die Zeit flieht,
Und die Sonne sieht,
Daß alles rings vergehet,
Denken, Reden, Schmerz und Wonne;
Und die wir zu Enkeln hatten
Schwanken wie bei Tag die Schatten,
Wie ein Dunst im Windeshauch.
Menschen waren wir ja auch,
Froh und traurig, so wie ihr,
Und nun sind wir leblos hier,
Sind nur Ende, wie ihr sehet.
Alles endet, was entstehet.
Alles, alles rings vergehet.

GEORG PHILIPP HARSDÖRFFER (1607–1658)

Das Leben des Menschen

In Gesellschaft etlicher Poeten wurde
umgefragt, was doch wäre
das menschliche Leben?
Darauf sie folgende Reimzeilen, welche
Anfang und Ende schließen, verfasset.

Das Leben ist:
1. Ein Laub, das grunt und falbt geschwind,
Ein Staub, den leicht vertreibt der Wind,
2. Ein Schnee, der in dem Nu vergehet,
Ein See, der niemals stille stehet,
3. Die Blum', so nach der Blüt' verfällt,
Der Ruhm, auf kurze Zeit gestellt,
4. Ein Gras, das leichtlich wird verdrucket,
Ein Glas, das leichter wird zerstucket,
5. Ein Traum, der mit dem Schlaf aufhört,
Ein Schaum, den Flut und Wind verzehrt,
6. Ein Heu, das kurze Zeit bleibet,
Die Spreu, so mancher Wind vertreibet,
7. Ein Kauf, den man am End' bereut,
Ein Lauf, der schnaufend schnell erfreut,
8. Ein Wasserstrom, der pfeilt geschwind,
Die Wasserblas', so bald zerrinnt,
9. Ein Schatten, der uns macht schabab,
Die Matten, so gräbt unser Grab.

PAUL FLEMING (1609–1640)

Neujahrsode 1633

[...]

Stelle deine Schlachten ein,
Mars, und lerne milder sein!
Tu die Waffen ab und sprich:
Hin, Schwert, was beschwerst du mich!

Dieser Helm wird nütze sein,
daß die Schwalben nisten drein,
daß man, wann der Frühling kömmt,
junge Vögel da vernimmt.

Und der brachen Erde Bauch
darf der Spieß und Degen auch,
doch daß sie sehn anders aus:
Pflug und Spaten werden draus.

Tritt, was schädlich ist, beiseit!
Hin, verdammte Pest und Streit!
Weg ihr Sorgen, weg Gefahr:
itzund kommt ein neues Jahr!

JOHANN HELWIG (1609–1674)

Eine Sanduhr

O   Menschenkind   beacht   doch   diese   Warnung   hier,
so   dir   bezeugt   den   Lauf   deins   Leben   für   und   für!
Bund*   Unser Leben, schau, ringet stets im Kampf   *Tod
bunt   Wann es lang gewährt, ists bloß ein Dampf.   Glück
Geld   Hoffen uns erhält. Harren uns ernährt;   Not
schallt   Kummer, Krankheit, Sorg verzehrt   Tück
Welt   Wie   im   Glas   geschwind   schnell
wallt: klarer Sand durchrinnt   Fäll.
hellt   so allhier vergehet   wie
Freud   nicht bestehet   Wind
bellt   um und um   hie
Neid   Unsers Lebens Ruhm   sind
Blut   Ach! der blasse Tod   Pracht
Mut   ist ein Bot   Macht.
frisch   wohl bezüglet   Zeit
steht   und gar schnell geflüglet   alt
risch   gibet uns gar schlechte Frist   scheid
geht;   uns   zu   fällen   sich   stets   rüst   bald
hier   Heut   vor   abends   droht   er   mir   leid
Hohn   Morgen kommet er und klopft deine Tür.   Freud;
Zwier   Es hilft kein Gewalt, es hilft nicht d'Pracht   Feind.
Lohn*   Schön, klug, reich und stark jener nur verlacht. *Freund.
Drum, Mensch, bedenk es wohl, bleib wachsam und gerüst:
Klug   sein   und   nicht   viel   Jahr   die   Ehr   des   Alters   ist.

MATTHIAS CLAUDIUS (1740–1815)

Täglich zu singen

Ich danke Gott und freue mich
  Wie's Kind zur Weihnachtsgabe,
Daß ich bin, bin! Und daß ich dich,
  Schön menschlich Antlitz! habe;

Daß ich die Sonne, Berg und Meer
  Und Laub und Gras kann sehen
Und abends unterm Sternenheer
  Und lieben Monde gehen;

Und daß mir denn zu Mute ist,
  Als wenn wir Kinder kamen,
Und sahen, was der heil'ge Christ
  Bescheret hatte, amen!

Ich danke Gott mit Saitenspiel,
  Daß ich kein König worden;
Ich wär geschmeichelt worden viel
  Und wär vielleicht verdorben.

Auch bet' ich ihn von Herzen an,
  Daß ich auf dieser Erde
Nicht bin ein großer reicher Mann
  Und auch wohl keiner werde.

Denn Ehr und Reichtum treibt und bläht,
  Hat mancherlei Gefahren,
Und vielen hat's das Herz verdreht,
  Die weiland wacker waren.

Und all das Geld und all das Gut
  Gewährt zwar viele Sachen;
Gesundheit, Schlaf und guten Mut
  Kann's aber doch nicht machen.

Und die sind doch, bei Ja und Nein!
  Ein rechter Lohn und Segen!
Drum will ich mich nicht groß kastein
  Des vielen Geldes wegen.

Gott gebe mir nur jeden Tag,
  So viel ich darf zum Leben.
Er gibt's dem Sperling auf dem Dach;
  Wie sollt er's mir nicht geben!

Neujahrs-Lied 1773

Das alte Faß ist ausgetrunken,
  Der Himmel steckt ein neues an,
Wie mancher ist vom Stuhl gesunken,
  Der nun nicht mit uns trinken kann.
Doch Ihr, die Ihr, wie wir beim alten,
Mit so viel Ehren ausgehalten,
Geschwind die alten Gläser leer
Und setzt euch zu den neuen her!

Dir, Freund, der mit der Jugend Feuer
  Des Alters Tugenden verbindt
Und zwischen Akten und der Leier
  Auf Lieder für die Freundschaft sinnt,
Bring' ich dies Glas, komm, laß uns trinken,
Bis wir zu unsern Vätern sinken,
Des Deutschen Wein und Redlichkeit
Noch lange so getreu wie heut.

JOHANN WOLFGANG GOETHE (1749–1832)

Zum Neuen Jahr

Zwischen dem Alten
Zwischen dem Neuen,
Hier uns zu freuen
Schenkt uns das Glück,
Und das Vergangne
Heißt mit Vertrauen
Vorwärts zu schauen,
Schauen zurück.
Stunden der Plage,
Leider, sie scheiden
Treue von Leiden,
Liebe von Lust;
Bessere Tage
Sammeln uns wieder
Heitere Lieder
Stärken die Brust.

Leiden und Freuden,
Jener verschwundnen,
Sind die Verbundnen
Fröhlich gedenk.
O des Geschickes
Seltsamer Windung!
Alte Verbindung,
Neues Geschenk!

Dankt es dem regen,
Wogenden Glücke,
Dankt dem Geschicke
Männiglich Gut;
Freut euch des Wechsels
Heiterer Triebe,
Offener Liebe,
Heimlicher Glut!

Andere schauen
Deckende Falten
Über dem Alten
Traurig und scheu;
Aber uns leuchtet
Freundliche Treue;
Sehet, das Neue
Findet uns neu.

So wie im Tanze
Bald sich verschwindet,
Wieder sich findet
Liebendes Paar,
So durch des Lebens
Wirrende Beugung
Führe die Neigung
Uns in das Jahr.

JOHANN HEINRICH VOSS (1751–1826)

Empfang des Neujahrs

Des Jahres letzte Stunde
Ertönt mit ernstem Schlag:
Trinkt, Brüder, in die Runde
Und wünscht ihm Segen nach.
Zu jenen grauen Jahren
Entfliegt es, welche waren;
Es brachte Freud' und Kummer viel,
Und führt' uns näher an das Ziel.
Alle: Ja, Freud' und Kummer bracht' es viel,
       Und führt' uns näher an das Ziel.

In stetem Wechsel kreiset
Die flügelschnelle Zeit:
Sie blühet, altert, greiset
Und wird Vergessenheit;
Kaum stammeln dunkle Schriften
Auf ihren morschen Grüften.
Und Schönheit, Reichtum, Ehr' und Macht
Sinkt mit der Zeit in öde Nacht.
Alle: Und Schönheit, Reichtum, Ehr' und Macht
       Sinkt mit der Zeit in öde Nacht.

Sind wir noch alle lebend,
Wer heute vor dem Jahr,
In Lebensfülle strebend,
Mit Freunden fröhlich war?
Ach, mancher ist geschieden
Und liegt und schläft in Frieden!
Klingt an und wünschet Ruh hinab
In unsrer Freunde stilles Grab.

Alle: Klingt an und wünschet Ruh hinab,
In unsrer Freunde stilles Grab.

Wer weiß, wie mancher modert
Ums Jahr, gesenkt ins Grab!
Unangemeldet fordert
Der Tod die Menschen ab.
Trotz lauem Frühlingswetter
Wehn oft verwelkte Blätter.
Wer von uns nachbleibt, wünscht dem Freund
Im stillen Grabe Ruh und weint.
Alle: Wer nachbleibt, wünscht dem lieben Freund
Im stillen Grabe Ruh und weint.

Der gute Mann nur schließet
Die Augen ruhig zu;
Mit frohem Traum versüßet
Ihm Gott des Grabes Ruh.
Er schlummert leichte Schlummer
Nach dieses Lebens Kummer;
Dann weckt ihn Gott, von Glanz erhellt,
Zur Wonne seiner bessern Welt.
Alle: Dann weckt uns Gott, von Glanz erhellt,
Zur Wonne seiner bessern Welt.

Auf, Brüder, frohes Mutes,
Auch wenn uns Trennung droht!
Wer gut ist, findet Gutes
Im Leben und im Tod!
Dort sammeln wir uns wieder
Und singen Wonnelieder!
Klingt an, und: Gut sein immerdar!
Sei unser Wunsch zum neuen Jahr!
Alle: Gut sein, ja gut sein immerdar!
Zum lieben frohen neuen Jahr!

FRIEDRICH SCHILLER (1759–1805)

Hoffnung

Es reden und träumen die Menschen viel
    Von bessern künftigen Tagen,
Nach einem glücklichen goldenen Ziel
    Sieht man sie rennen und jagen,
Die Welt wird alt und wird wieder jung,
Doch der Mensch hofft immer Verbesserung!

Die Hoffnung führt ihn ins Leben ein,
    Sie umflattert den fröhlichen Knaben,
Den Jüngling begeistert ihr Zauberschein,
    Sie wird mit dem Greis nicht begraben,
Denn beschließt er im Grabe den müden Lauf,
Noch am Grabe pflanzt er – die Hoffnung auf.

Es ist kein leerer schmeichelnder Wahn,
    Erzeugt im Gehirne des Toren.
Im Herzen kündet es laut sich an,
    Zu was besserm sind wir geboren,
Und was die innere Stimme spricht,
Das täuscht die hoffende Seele nicht.

JOHANN PETER HEBEL (1760–1826)

Neujahrslied

Mit der Freude zieht der Schmerz
traulich durch die Zeiten.
Schwere Stürme, milde Weste,
bange Sorgen, frohe Feste
wandeln sich zur Seiten.

Und wo eine Träne fällt,
blüht auch eine Rose.
Schon gemischt, noch eh wirs bitten,
ist für Thronen und für Hütten
Schmerz und Lust im Lose.

Wars nicht so im alten Jahr?
Wirds im neuen enden?
Sonnen wallen auf und nieder,
Wolken gehn und kommen wieder,
und kein Wunsch wirds wenden.

Gebe denn, der über uns
wägt mit rechter Waage,
jedem Sinn für seine Freuden,
jedem Mut für seine Leiden
in die neuen Tage,

jedem auf des Lebens Pfad
einen Freund zur Seite,
ein zufriedenes Gemüte,
und zu stiller Herzensgüte
Hoffnung ins Geleite!

Die Neujahrsnacht eines Unglücklichen

Ein alter Mann stand in der Neujahrsmitternacht am Fenster und schauete mit dem Blick einer langen Verzweiflung auf zum unbeweglichen, ewig blühenden Himmel und herab auf die stille reine weiße Erde, worauf jetzt niemand so freuden- und schlaflos war als er. Denn sein Grab stand nahe an ihm, es war bloß vom Schnee des Alters, nicht vom Grün der Jugend verdeckt, und er brachte nichts mit aus dem ganzen reichen Leben, nichts mit als Irrtümer, Sünden und Krankheit, einen verheerten Körper, eine verödete Seele, die Brust voll Gift und ein Alter voll Reue. Seine schönen Jugendtage wandten sich heute als Gespenster um und zogen ihn wieder vor den hellen Morgen hin, wo ihn sein Vater zuerst auf den Scheideweg des Lebens gestellt, der rechts auf der Sonnenbahn der Tugend in ein weites ruhiges Land voll Licht und Ernten und voll Engel bringt, und welcher links in die Maulwurfsgänge des Lasters hinabzieht, in eine schwarze Höhle voll heruntertropfendem Gift, voll zielender Schlangen und finsterer schwüler Dämpfe.

Ach die Schlangen hingen um seine Brust und die Gifttropfen auf seiner Zunge, und er wußte nun, wo er war.

Sinnlos und mit unaussprechlichem Grame rief er zum Himmel hinauf: gib mir die Jugend wieder! O Vater, stelle mich auf den Scheideweg wieder, damit ich anders wähle!

Aber sein Vater und seine Jugend waren längst dahin. Er sah Irrlichter auf Sümpfen tanzen und auf dem Gottesacker erlöschen, und er sagte: es sind meine törichten Tage. – Er sah einen Stern aus dem Himmel fliehen und im Falle schimmern und auf der Erde zerrinnen: Das bin ich, sagte sein blutendes Herz, und die Schlangenzähne der Reue gruben darin in den Wunden weiter.

Die lodernde Phantasie zeigte ihm schleichende Nachtwandler auf den Dächern, und die Windmühle hob ihre Arme drohend zum Zerschlagen auf, und eine im leeren Totenhause zurückgebliebne Larve nahm allmählich seine Züge an.

Mitten in den Krampf floß plötzlich die Musik für das Neujahr vom Turm hernieder wie ferner Kirchengesang. Er wurde sanfter bewegt – er schauete um den Horizont herum und über die weite Erde, und er dachte an seine Jugendfreunde, die nun, glücklicher und besser als er, Lehrer der Erde, Väter glücklicher Kinder und gesegnete Menschen waren, und er sagte: o ich könnte auch, wie ihr, diese erste Nacht mit trocknen Augen verschlummern, wenn ich gewollt hätte – ach ich könnte glücklich sein, ihr teuern Eltern, wenn ich euere Neujahrs-Wünsche und Lehren erfüllet hätte.

Im fieberhaften Erinnern an seine Jünglingszeit kam es ihm vor, als richte sich die Larve mit seinen Zügen im Totenhause auf – endlich wurde sie durch den Aberglauben, der in der Neujahrsnacht Geister und Zukunft erblickt, zu einem lebendigen Jüngling, der in der Stellung des schönen Jünglings vom Kapitol sich einen Dorn auszieht, und seine vorige blühende Gestalt wurd' ihm bitter vorgegaukelt.

Er konnt' es nicht mehr sehen – er verhüllte das Auge – tausend heiße Tränen strömten versiechend in den

Schnee – er seufzete nur noch leise, trostlos und sinnlos: komme nur wieder, Jugend, komme wieder! ...

– Und sie kam wieder; denn er hatte nur in der Neujahrsnacht so fürchterlich geträumt; – er war noch ein
Jüngling. Nur seine Verirrungen waren kein Traum gewesen; aber er dankte Gott, daß er, noch jung, in den
schmutzigen Gängen des Lasters umkehren und sich auf
die Sonnenbahn zurück begeben konnte, die ins reine
Land der Ernten leitet.

Kehre mit ihm, junger Leser, um, wenn du auf seinem
Irrweg stehst! Dieser schreckende Traum wird künftig
dein Richter werden; aber wenn du einst jammervoll rufen würdest: komme wieder, schöne Jugend – so würde
sie nicht wieder kommen.

AUGUST WILHELM SCHLEGEL (1767–1845)

Unkunde

Wie endigt Heut'? Und was wird Morgen bringen?
Wer kann mir sagen, ob gestreute Saaten,
Heilsam an sich, mir nicht zum Gift geraten?
Was fremder Willkür mag an mir gelingen?

Vergebens zeugt Erfahrung von den Dingen
Und zeichnet sorgsam auf der Vorwelt Taten:
Selbst Weisheit weiß untrüglich nicht zu raten,
Wo Kräfte blindlings durcheinander ringen.

Den ew'gen Schlangenkreis, der uns umfahet,
Könnt überschauen nur des Schicksals Wächter;
Uns schwindet eines, wenn das andre nahet.

Die Zukunft steht als Sphinx in düstern Fernen
Und schlingt hinab so Menschen wie Geschlechter,
Eh ihre Rätsel sie zu lösen lernen.

FRIEDRICH HÖLDERLIN (1770–1843)

Lebenslauf

Größeres wolltest auch du, aber die Liebe zwingt
   All uns nieder, das Leid beuget gewaltiger,
      Doch es kehret umsonst nicht
        Unser Bogen, woher er kommt.

Aufwärts oder hinab! herrschet in heil'ger Nacht
   Wo die stumme Natur werdende Tage sinnt,
      Herrscht im schiefesten Orkus
        Nicht ein Grades, ein Recht noch auch?

Dies erfuhr ich. Denn nie, sterblichen Meistern gleich,
   Habt ihr Himmlischen, ihr Alleserhaltenden,
      Daß ich wüßte, mit Vorsicht
        Mich des ebenen Pfads geführt.

Alles prüfe der Mensch, sagen die Himmlischen,
   Daß er, kräftig genährt, danken für alles lern,
      Und verstehe die Freiheit,
        Aufzubrechen, wohin er will.

LUDWIG TIECK (1773–1853)

Zeit

So wandelt sie im ewig gleichen Kreise,
Die Zeit, nach ihrer alten Weise,
Auf ihrem Wege taub und blind;
Das unbefangne Menschenkind
Erwartet stets vom nächsten Augenblick
Ein unverhofftes seltsam neues Glück.
Die Sonne geht und kehret wieder,
Kommt Mond und sinkt die Nacht hernieder,
Die Stunden die Wochen abwärts leiten,
Die Wochen bringen die Jahreszeiten.
Von außen nichts sich je erneut,
In dir trägst du die wechselnde Zeit,
In dir nur Glück und Begebenheit.

Pech

Wahrlich, aus mir hätte vieles
  Werden können in der Welt,
Hätte tückisch nicht mein Schicksal
  Sich mir in den Weg gestellt.

Hoher Ruhm war zu erwerben,
  Wenn die Waffen ich erkor;
Mich den Kugeln preiszugeben,
  War ich aber nicht der Tor.

Um der Musen Gunst zu buhlen,
  War ich minder schon entfernt;
Ein Gelehrter wär ich geworden,
  Hätt ich lesen nur gelernt.

Bei den Frauen, sonder Zweifel,
  Hätt ich noch mein Glück gemacht,
Hätten sie mich allerorten
  Nicht unmenschlich ausgelacht.

Wie zum reichen Mann geboren,
  Hätt ich diesen Stand erwählt,
Hätte nicht von allen Dingen
  Immer mir das Geld gefehlt.

Über einen Staat zu herrschen,
  War vor allen ich der Mann,
Meine Gaben und Talente
  Wiesen diesen Platz mir an.

König hätt ich werden sollen,
  Wo man über Fürsten klagt.
Doch mein Vater war ein Bürger,
  Und das ist genug gesagt.

Wahrlich, aus mir hätte vieles
  Werden können in der Welt,
Hätte tückisch nicht mein Schicksal
  Sich mir in den Weg gestellt.

Ich wünsche, daß dein Glück sich jeden Tag erneue,
Daß eine gute Tat dich jede Stund erfreue!
Und wenn nicht eine Tat, so doch ein gutes Wort,
Das selbst im Guten wirkt, zu guten Taten fort.
Und wenn kein Wort, doch ein Gedanke gut und wahr,
Der dir die Seele mach und rings die Schöpfung klar.

Nichts anders kann erfreun den Menschen und erheben,
Wie diese Zeugnisse von eignem höherm Leben.
Und was das Glück von Lohn ihm zu von außen spült,
Erfreut ihn nur, wenn er sich dessen würdig fühlt.

*

Zu meinem Geburtstag,
Dem sechzehnten Mai,
Wünschte die Liebste
Mir mancherlei.

Mit trunknem Wohlgefallen sog
Mein Ohr der Wünsche Schmeichelei.
Und als ihr Herz sich ausgewünscht,
Wünscht' ich mir selber dies dabei:
Erhalte Gott mir dies Gefühl
Der Lieb' im Busen wolkenfrei,
Daß hell in jedem Augenblick
Mein Glück mir gegenwärtig sei.

Wie ich sie lieb' und sie mich liebt,
Wie ich ihr geb' und sie mir gibt,
Wie mich beglückt, die ich beglücke,
Wie mich entzückt, die ich entzücke,
Wie sie mich fühlt, die ich empfinde,
Wie sie mich hält, die ich umwinde,
Wie ich sie trage, sie mich hebt,
Wie ich ihr leb' und sie mir lebt.

*

Mit vierzig Jahren

Mit vierzig Jahren ist der Berg erstiegen,
Wir stehen still und schaun zurück,
Dort sehen wir der Kindheit stilles liegen
Und dort der Jugend lautes Glück.

Noch einmal schau', und dann gekräftigt weiter
Erhebe deinen Wanderstab!
Hindehnt ein Bergesrücken sich ein breiter
Und hier nicht, drüben gehts hinab.

Nicht atmend aufwärts brauchst du mehr zu steigen,
Die Ebne zieht von selbst dich fort;
Dann wird sie sich mit dir unmerklich neigen,
Und eh du's denkst, bist du im Port.

ANNETTE VON DROSTE-HÜLSHOFF (1797–1848)

Am letzten Tag des Jahres

Das Jahr geht um,
Der Faden rollt sich sausend ab.
Ein Stündchen noch, das letzte heut,
Und stäubend rieselt in sein Grab,
Was einstens war lebend'ge Zeit.
Ich harre stumm.

's ist tiefe Nacht!
Ob wohl ein Auge offen noch?
In diesen Mauern rüttelt dein
Verrinnen, Zeit! Mir schaudert, doch
Es will die letzte Stunde sein
Einsam durchwacht.

Gesehen all,
Was ich begangen und gedacht,
Was mir aus Haupt und Herzen stieg:
Das steht nun, eine ernste Wacht
Am Himmelstor. O halber Sieg,
O schwerer Fall!

Wie reißt der Wind
Am Fensterkreuze, ja, es will
Auf Sturmesfittigen das Jahr
Zerstäuben, nicht ein Schatten still
Verhauchen unterm Sternenklar.
Du Sündenkind!

War nicht ein hohl
Und heimlich Sausen jeder Tag
In deiner wüsten Brust Verlies,

Wo langsam Stein an Stein zerbrach,
Wenn es den kalten Odem stieß
Vom starren Pol?

Mein Lämpchen will
Verlöschen, und begierig saugt
Der Docht den letzten Tropfen Öl.
Ist so mein Leben auch verraucht?
Eröffnet sich des Grabes Höhl'
Mir schwarz und still?

Wohl in dem Kreis,
Den dieses Jahres Lauf umzieht,
Mein Leben bricht: Ich wußt' es lang,
Und dennoch hat dies Herz geglüht
In eitler Leidenschaften Drang.
Mir brüht der Schweiß

Der tiefsten Angst
Auf Stirn und Hand! – Wie, dämmert feucht
Ein Stern dort durch die Wolken nicht?
Wär es der Liebe Stern vielleicht,
Dir zürnend mit dem trüben Licht,
Daß du so bangst?

Horch, welch Gesumm?
Und wieder? Sterbemelodie!
Die Glocke regt den ehrnen Mund.
O Herr! ich falle auf die Knie:
Sei gnädig meiner letzten Stund!
Das Jahr ist um!

Das alte Jahr vergangen ist,
Das neue Jahr beginnt.
Wir danken Gott zu dieser Frist,
Wohl uns, daß wir noch sind!
Wir sehn auf's alte Jahr zurück,
Und haben neuen Mut:
Ein neues Jahr, ein neues Glück!
Die Zeit ist immer gut.

Ja, keine Zeit war jemals schlecht:
In jeder lebet fort
Gefühl für Wahrheit, Ehr' und Recht
Und für ein freies Wort.
Hinweg mit allem Weh und Ach!
Hinweg mit allem Leid!
Wir selbst sind Glück und Ungemach,
Wir selber sind die Zeit.

Und machen wir uns froh und gut,
Ist froh und gut die Zeit,
Und gibt uns Kraft und frohen Mut
Bei jedem neuen Leid.
Und was einmal die Zeit gebracht,
Das nimmt sie wieder hin –
Drum haben wir bei Tag und Nacht
Auch immer frohen Sinn.

Und weil die Zeit nur vorwärts will,
So schreiten vorwärts wir;
Die Zeit gebeut, nie stehn wir still,
Wir schreiten fort mit ihr.
Ein neues Jahr, ein neues Glück!
Wir ziehen froh hinein,
Denn vorwärts! vorwärts! nie zurück!
Soll unsre Losung sein.

KARL LEBERECHT IMMERMANN (1796–1840)

Zeitrechnung

Haben die Blumen denn schon
Früher geblühet?
Hat denn in Lüften die Sonn'
Früher geglühet?
Lebt ich schon zwanzig Jahr'
Vor diesem Jahr?

ALEXANDER GRAF VON WÜRTTEMBERG (1801–1844)

Die Uhr

Jüngst sah ich eine Uhr,
Die Räder hat verbunden
Des Schwarzwalds kräft'ger Sohn
In stillen Winterstunden.

Gewichte schwer von Blei
Das arme Uhrwerk treiben,
Fehlt diese Wucht, so muß
Die Uhr wohl stehen bleiben.

Ob wohl mein Herz, befreit
Von aller Wucht und Bürde,
Nicht gleich der armen Uhr
Auch stille stehen würde?

EDUARD MÖRIKE (1804–1875)

Rückblick

Bei jeder Wendung deiner Lebensbahn,
Auch wenn sie glückverheißend sich erweitert,
Und du verlierst, um Größres zu gewinnen,
– Betroffen stehst du plötzlich still, den Blick
Gedankenvoll auf das Vergangne heftend;
Die Wehmut lehnt an deine Schulter sich
Und wiederholt in deine Seele dir,
Wie lieblich alles war! und daß es nun
Damit vorbei auf immer sei! – auf immer.
Ja, liebes Kind, und dir sei unverhohlen:
Was vor dir liegt von künft'gem Jugendglück,
Die Spanne mißt es einer Mädchenhand.
Doch also ward des Lebens Ordnung uns
Gesetzt von Gott; den schreckt sie nimmermehr,
Der einmal recht in seinem Geist gefaßt,
Was unser Dasein soll. Du freue dich
Gehabter Freude; andre Freuden folgen,
Den Ernst begleitend; dieser aber sei
Der Kern und sei die Mitte deines Glücks.

*

Gebet

I
Herr! schicke was du willt,
Ein Liebes oder Leides;
Ich bin vergnügt, daß beides
Aus Deinen Händen quillt.

II
Wollest mit Freuden
Und wollest mit Leiden
Mich nicht überschütten!
Doch in der Mitten
Liegt holdes Bescheiden.

*

Zum neuen Jahr

Wie heimlicher Weise
Ein Engelein leise
Mit rosigen Füßen
Die Erde betritt,
So nahte der Morgen.
Jauchzt ihm, ihr Frommen,
Ein heilig Willkommen,
Ein heilig Willkommen!
Herz, jauchze du mit!

In Ihm sei's begonnen,
Der Monde und Sonnen
An blauen Gezelten
Des Himmels bewegt!
Du, Vater, du rate!
Lenke du und wende!
Herr, dir in die Hände
Sei Anfang und Ende,
Sei alles gelegt!

JOHANN GABRIEL SEIDL (1804–1875)

Die Uhr

Ich trage, wo ich gehe, stets eine Uhr bei mir;
Wieviel es geschlagen habe, genau seh ich an ihr.
Es ist ein großer Meister, der künstlich ihr Werk gefügt,
Wenngleich ihr Gang nicht immer dem törichten Wunsche
    genügt.

Ich wollte, sie wäre rascher gegangen an manchem Tag;
Ich wollte, sie hätte manchmal verzögert den raschen Schlag.
In meinen Leiden und Freuden, im Sturm und in der Ruh,
Was immer geschah im Leben, sie pochte den Takt dazu.

Sie schlug am Sarge des Vaters, sie schlug an des Freundes
    Bahr,
Sie schlug am Morgen der Liebe, sie schlug am Traualtar.
Sie schlug an der Wiege des Kindes, sie schlägt, will's Gott,
    noch oft,
Wenn bessre Tage kommen, wie meine Seel es hofft.

Und ward sie auch manchmal träger, und drohte zu stocken
    ihr Lauf,
So zog der Meister immer großmütig sie wieder auf.
Doch stände sie einmal stille, dann wär's um sie geschehn,
Kein andrer, als der sie fügte, bringt die Zerstörte zum Gehn.

Dann müßt ich zum Meister wandern, der wohnt am Ende
    wohl weit,
Wohl draußen, jenseits der Erde, wohl dort in der Ewigkeit!
Dann gäb ich sie ihm zurücke mit dankbar kindlichem Flehn:
Sieh, Herr, ich hab nichts verdorben, sie blieb von selber
    stehn.

JOHANN GEORG FISCHER (1816–1897)

Bei meinem siebzigsten Geburtstag

Redet mir nicht von siebzig Jahren,
Redet mir nicht von Kräftesparen;
Der eine vertut's und hat's doch immer.
Der andere spart's und gebraucht's doch nimmer –
Hab' ich die siebzig nun erklommen,
Und Gott erhält mir in allen Gnaden
Die Lust an seiner Wälder Pfaden,
Den fröhlichen Blick zwischen Licht und Wahn,
Und liebe Menschen zugetan,
Wohlan, so mögen auch achtzig kommen.

THEODOR FONTANE (1819–1898)

Trost

Tröste dich, die Stunden eilen,
Und was all dich drücken mag,
Auch das Schlimmste kann nicht weilen,
Und es kommt ein andrer Tag.

In dem ew'gen Kommen, Schwinden,
Wie der Schmerz liegt auch das Glück,
Und auch heitre Bilder finden
Ihren Weg zu dir zurück.

Harre, hoffe. Nicht vergebens
Zählest du der Stunden Schlag,
Wechsel ist das Los des Lebens,
Und – es kommt ein andrer Tag.

*

An Friedrich Eggers

Aus der Ferne
Diesen Wunsch:
Glückliche Sterne
Und guten Punsch!
Jene für immer,
Diesen für heut –
Und nimm nichts schlimmer,
Als Gott es beut.
[…]

Unterwegs

Und wieder hier draußen ein neues Jahr –
Was werden die Tage bringen?!
Wird's werden, wie es immer war,
Halb scheitern, halb gelingen?

Wird's fördern das, worauf ich gebaut,
Oder vollends es verderben?
Gleichviel, was es im Kessel braut,
Nur wünsch' ich nicht zu sterben.

Ich möchte noch wieder im Vaterland
Die Gläser klingen lassen
Und wieder nach des Freundes Hand
Im Einverständnis fassen.

Ich möchte noch wirken und schaffen und tun
Und atmen eine Weile,
Denn um im Grabe auszuruhn,
Hat's nimmer Not und Eile.

Ich möchte leben, bis all dies Glühn
Rückläßt einen leuchtenden Funken
Und nicht vergeht wie die Flamm' im Kamin,
Die eben zu Asche gesunken.

GOTTFRIED KELLER (1819–1890)

Die Zeit geht nicht

Die Zeit geht nicht, sie stehet still,
Wir ziehen durch sie hin;
Sie ist eine Karawanserei,
Wir sind die Pilger drin.

Ein Etwas, form- und farbenlos,
Das nur Gestalt gewinnt,
Wo ihr drin auf und nieder taucht,
Bis wieder ihr zerrinnt.

Es blitzt ein Tropfen Morgentau
Im Strahl des Sonnenlichts –
Ein Tag kann eine Perle sein
Und hundert Jahre – Nichts!

Es ist ein weißes Pergament
Die Zeit, und ein jeder schreibt
Mit seinem besten Blut darauf,
Bis ihn der Strom vertreibt.

An dich, du wunderbare Welt,
Du Schönheit ohne End,
Schreib ich 'nen kurzen Liebesbrief
Auf dieses Pergament.

Froh bin ich, daß ich aufgetaucht
In deinem runden Kranz;
Zum Dank trüb ich die Quelle nicht
Und lobe deinen Glanz!

MATHILDE WESENDONK (1828–1902)

Stehe still!

Sausendes, brausendes Rad der Zeit,
Messer du der Ewigkeit;
Leuchtende Sphären im weiten All,
Die ihr umringt den Weltenball;
Urewige Schöpfung, halte doch ein,
Genug des Werdens, laß mich sein!

Halte an dich, zeugende Kraft,
Urgedanke, der ewig schafft!
Hemmet den Atem, stillet den Drang,
Schweigend nur eine Sekunde lang!
Schwellende Pulse, fesselt den Schlag;
Ende, des Wollens ewger Tag!

Daß in selig süßem Vergessen
Ich mög alle Wonne ermessen!
Wenn Auge in Auge wonnig trinken,
Seele ganz in Seele versinken;
Wesen in Wesen sich wiederfindet,
Und alles Höffens Ende sich kündet,
Die Lippe verstummt in staunendem Schweigen,
Keinen Wunsch mehr will das Innre zeugen:
Erkennt der Mensch des Ewgen Spur,
Und löst dein Rätsel, heilge Natur!

Die Uhren

Es ist Sylvester. Eine schlichte Bowle,
Von kluger Hand bereitet, schmückt den Tisch.
Man war bei Piepenbrinks. Herr Piepenbrink,
Frau Piepenbrink und deren Fritz und Julchen,
Welch letzte beiden heute auch noch auf,
Herr Küster Klöppel, treubewährt im Amte,
Aptheker Mickefett, den diese Gegend
Von wegen seiner Pillen höchlich pries –
Dies waren die Personen, welche hier
Zum frohen Jahresschlusse sich versammelt. –
Darüber ist man einig, punkto zwölf
Ein kräftig Prostneujahr sich zuzurufen,
Worauf getreu das Glas zu leeren sei. –
»Nun aber«, spricht Herr Klöppel mit Bedacht,
»Nun aber ist die Frage: Welche Uhr
Soll diesen schönen Augenblick verkünden?«
»Die beste Uhr«, ruft Fritz ein wenig hastig,
»Von allen Uhren ist die Sonnenuhr!«
»Jawohl, mein Sohn!« erwidert Klöppel sanft,
»Die Sonne ist ein pünktlich Element,
Was mit der Dunkelnis von hinnen scheidet.
Insofern kommt sie hier nicht in Betracht.
Dagegen schlag ich unsre Turmuhr vor.« –
Hier lächelt Mickefett verschmitzt und spricht:
»Die Geistlichkeit in Ehren. Doch man sagt,
Ein traulich später Trunk am Samstagabend
Wirkt zögernd auf die Sonntagmorgenglocke.« –
Herr Klöppel schweigt, denn mild ist sein Charakter. –
Nun zieht aus ihres Busens Vorderfalte
Frau Piepenbrink bescheidentlich die Uhr.

Doch Piepenbrink ruft gleich: »Ich bitte Dich,
Laß doch die Uhr im Stall. Fast alle Monat
Muß ich das Dings da reparieren lassen.«
»Nun nun«, spricht sie, »sei nur nicht gleich so rauh!
Ist's doch für uns ein lieblich Angedenken
An jene Zeit, da du mir Treue schwurst.«
»Ahem!« macht Piepenbrink und schaut ins Glas.
»Ach«, seufzt das Julchen, »wie entzückend schön
Wär doch so eine Dose, die so Stücke spielt.«
»Sehr wahr, mein liebes Kind!« entgegnet Klöppel.
»Bewundernswert ist solch ein Kunstgetriebe,
Und gern belauscht man seine Melodien;
Nur lehrt sie uns vielmehr die Zeit vergessen,
Statt sie zu schätzen, wie's die Pflicht der Uhr.
Insofern kommt sie hier nicht in Betracht.«
Jetzt wird der Fritz schon wieder laut: »Ja aber
Beim reichen Schrepper die Pendüle, die...«
»Pst!« fällt ihm Mickefett sogleich ins Wort,
»Das ist 'ne böse Uhr, die nur die Dauer
Des Wehs im Zeh bemißt, die Stunden schlägt,
Wo's Pulver einzunehmen, welche ewig
Eintönig raunt: Klick klack! Die Aktien fallen! –
Da muß ich meine Taschenuhr hier loben.
Sie ist von einem überseeschen Paten...«
»Insofern«, meint Herr Klöppel – »Bitte sehr«,
Fährt jener fort, »sie ist durchaus von Gold...«
»Insofern«, meint Herr Klöppel ernst und kühl,
»Insofern kommt sie hier nicht in Betracht.«
»Und«, fährt Herr Mickefett gelassen fort,
»Und richtig geht sie. – Diesen letzten Herbst
Bin ich mit Munkel dem Kaplan in Straßburg.
Wir hatten gut gelebt, in jeder Hinsicht.
Das Geld war alle, und so wollten wir
Denselben Abend spät noch weitermachen.
Wir stehn so vor dem Münster. Salbungsvoll

Hub Munkel an und sprach: ›Geliebter Freund!
Im Angesichte dieses hohen Tempels
Ermahn ich nochmals dringend dich: Kehr um!
Oh, kehre wieder in den weichen Schoß
Der heilgen Mutter Kirche und vertraue
Dich ihrer altbewährten Führung an!‹
Ich ziehe meine Uhr und sage: ›Munkel,
Es ist ein Viertel zwölf; wir müssen eilen,
Wofern wir nicht den Zug verpassen wollen.‹
Indem so schlägt die Münsterglocke elf.
›Du hörst es!‹ sagt er. ›Hat noch lange Zeit!‹
Na gut, wir bummeln endlich so lala
Zum Bahnhof. Richtig. Tüht! Dort saust er hin!
Freudlos wär uns die Nacht vergangen, hätt ich
Dem Herbergsvater nicht die Uhr gereicht. –
Seitdem vertrau ich keiner Kirchenglocke.
Und wenn die Engel selbst vom Turme bliesen,
Ich richte mich nach meiner Taschenuhr.« –
Nun aber nimmt Herr Piepenbrink das Wort:
»Ich lobe mir«, so spricht er, »jene Alte,
Die dorten in der Ecke ticktack macht.
Pünktlich um sieben morgens weckt sie uns.
Um achte mahnt sie Fritzen an die Schule.
Zwölfmal mit freudgem Klang allmittaglich
Ruft sie zu Tisch, und jeder folgt ihr gern.
Getreulich zählt sie meiner lieben Frau
Beim Eierkochen die Minuten ab.
Was mich betrifft, so sorgt sie stets dafür,
Daß ich die Zeit des Klubs niemals verfehle.
Und ist die Ruhestunde dann erschienen,
Gewissenhaft um zehne schlägt sie zehn.
So machte sie's gar manches liebe Jahr,
Und keine Seele dachte was dabei,
Und keiner wußte, wie so gut sie war,
Bis daß sie eines Morgens stillestand.

Da wußte man's.« – »Achgott«, fiel Klöppel ein,
»So geht's mit mancher stillbescheidnen Treue.
Allein insofern…« Baum! Da tönt es ernst
Vom nahen Turme zwölf, und Prostneujahr!
Ruft jeder klangvoll ausgehöhlte Mund
Und leert das Glas. (Zuerst ist Klöppel fertig.)
Hierauf zieht Mutter Piepenbrink die Uhr
Bescheiden aus des Mieders warmer Falte.
»Jetzt ist es zwölf auf meiner!« ruft sie froh
Und wieder folgt ein kräftig Prostneujahr!
»Und jetzt nach meiner!« schreit Herr Mickefett,
Und nochmals schallt der festlich frohe Gruß,
Und nochmals beugt sich jeder gern nach hinten,
Um so das neugefüllte Glas zu leeren.
(Herr Mickefett tut's zweimal hinternander.)
Kaum ist's vollbracht, so fängt es in der alten
Höchst ehrenwerten Wand- und Ticktackuhr
Zu schnurren an, und bemm! und also fort
Dröhnt sie des Jahres letzte Stunde her. –
»Hurrah! und Prostneujahr!« Das klang mal schön. –
Herr Klöppel hält den Ton noch lange aus. –
Fritz trank zu hastig. Drum so muß er auch
Sehr heftig durch die Nase husten, welches
Mama und Julchen recht ins Lachen brachte.
Jedoch der biedre Vater Piepenbrink,
Der sanfte Klöppel, Mickefett der schlaue,
Die tranken kreuzweis ewge Brüderschaft.
So war man froh nach ganz verschiednen Uhren,
Schlief selig dann in ganz verschiednen Betten
(Der Vater und die Mutter ausgenommen)
Und ging des andern Tages, warm bekleidet,
Mit leichtem Schädelbrummen in die Messe.
(Herr Mickefett natürlich ausgenommen.)
Der kramt in der Butike und bereitet
Verdrießlich, doch mit Sorgfalt, einen Bittern.

Zum Neujahr

Bald wird es zwölfe schlagen.
Prost Neujahr! wird mancher sagen;
Aber mancher ohne rrren!
Denn es gibt vergnügte Herren.

Auch ich selbst, auf meinen Wunsch,
Mache mir ein wenig Punsch. –

Wie ich nun allhier so sitze
Bei des Ofens milder Hitze,
Angetan den Rock der Ruhe
Und die schön verzierten Schuhe,
Und entlocke meiner Pfeife
Langgedehnte Wolkenstreife;
Da spricht mancher wohl entschieden:
Dieser Mensch ist recht zufrieden!
Leider muß ich, dem entgegen,
Schüttelnd meinen Kopf bewegen –

Schweigend lüfte ich das Glas.
(Ach, wie schön bekömmt mir das.) –

Sonsten, wie erfreulich war es,
Wenn man so am Schluß des Jahres,
Oder in des Jahres Mitten,
Zum bewußten Schrein geschritten
Und in süßem Traum verloren
Emsig den Coupon geschoren;
Aber itzo auf die Schere
Sickert eine Trauerzähre,
Währenddem der Unterkiefer
Tiefer sinkt und immer tiefer. –

Traurig leere ich das Glas.
(Ach, wie schön bekömmt mir das.) –

Henriette, dieser Name
Füllt mich auch mit tiefem Grame.
Die ich einst in leichten Stoffen
Herzbeklemmend angetroffen
Nachts auf dem Kasinoballe;
Sie, die später auf dem Walle
Beim Ziewiet der Philomele
Meine unruhvolle Seele
Hoch beglückt und tief beseligt,
Sie ist anderweit verehlicht,
Ist im Standesamtsregister
Aufnotieret als Frau Pfister,
Und es wird davon gesprochen,
Nächstens käme sie in Wochen. –

Grollend lüfte ich das Glas.
(Ach, wie schön bekömmt mir das.) –

Ganz besonders und vorzüglich
Macht es mich so mißvergnüglich,
Daß es mal nicht zu vermeiden,
Von hienieden abzuscheiden,
Daß die Denkungskraft entschwindet,
Daß man sich so tot befindet,
Und es sprechen dann die Braven:
Siehe da, er ist entschlafen;
Und sie ziehn gelind und lose
Aus der Weste oder Hose
Den geheimen Bund der Schlüssel,
Und man rührt sich auch kein bissel,
Sondern ist, obschon vorhanden,
Friedlich lächelnd einverstanden. –

Schaudernd leere ich das Glas.
(Ach, wie schön bekömmt mir das.) –

Wo wird dann die Seele weilen?
Muß sie sich in Duft zerteilen?
Oder wird das alte Streben,
Hübsche Dinge zu erleben,
Sich in neue Form ergießen,
Um zu lieben, zu genießen
Oder in Behindrungsfällen
Sehr zu knurren und zu bellen?
Kann man, frag ich angstbeklommen,
Da denn gar nicht hinter kommen?
Kommt, o kommt herbeigezogen,
Ihr verehrten Theologen,
Die ihr längst die ewge Sonne
Treu verspundet in der Tonne;
Überschüttet mich mit Klarheit! –
Doch vor allem hoff ich Wahrheit
Von dem hohen Philosophen,
Denn nur er, beim warmen Ofen,
Als der Pfiffige von allen,
Fängt das Licht in Mäusefallen. –

Prost Neujahr! – Und noch ein Glas.
(Ei, wie schön bekömmt mir das!) –

Uh! Mir wird so wohl und helle.
Himmel, Sterne, Meereswelle,
Weiße Möwen, goldne Schiffe;
Selig schwanken die Be-jiffe,
Und ich tauche in das Bette
Mit dem Seufzer: Hen-i-jette!

Zu Neujahr

Will das Glück nach seinem Sinn
Dir was Gutes schenken,
Sage Dank und nimm es hin
Ohne viel Bedenken.

Jede Gabe sei begrüßt,
Doch vor allen Dingen:
Das, worum du dich bemühst,
Möge dir gelingen.

PETER ROSEGGER (1843–1918)

Wünsche zum neuen Jahr

Ein bißchen mehr Friede
und weniger Streit,
ein bißchen mehr Güte
und weniger Neid,
ein bißchen mehr Wahrheit
immerdar und viel
mehr Hilfe bei Gefahr!
Ein bißchen mehr »Wir«
und weniger »Ich«,
ein bißchen mehr Kraft,
nicht so zimperlich!
Und viel mehr Blumen
während des Lebens,
denn – auf den Gräbern
sind sie vergebens.

PAUL VERLAINE (1844–1896)

Für das neue Jahr

Leben, das heißt Sterben, Sterben Geborenwerden,
Sei es psychologisch, sei's auf andre Art.
Und das Jahr – Tag, Stunde, Augenblick –, es ward
Die conditio sine qua non des Seins auf Erden.

Tot ist das alte Jahr, das neue läßt sich sehen
Wie ein Kind, das man vom toten Leib fortnahm
Seiner Mutter, die unglücklich niederkam,
Nur um bald, wie sie, als Mutter hinzugehen.

Neues Leben heißt, dem andern Jahr zu weichen;
Neues Leben, wo? Welch Erd-, welch Himmelskreis
Werden an die Strahlen unsres Fluges reichen?

Wie das neue Jahr in Gott natürlich – Sei's
Fleischgewordene Gestalt von ewigem Leben,
Sei's ein Engel, weiß im Blauen zu verschweben.

CARL SPITTELER (1845–1924)

Das bescheidene Wünschlein

Damals, ganz zuerst am Anfang,
  wenn ich hätte sagen sollen,
Was, im Fall ich wünschen dürfte,
  ich mir würde wünschen wollen,
Wär ich vor zu großem Reichtum
  in Verlegenheit geraten,
Schwankend zwischen Bilderbüchern,
  Farbenschachtel, Bleisoldaten.

Später wurde mein Gelüste
  kühner, deutlicher und kürzer:
Einen stolzen Namen wollt ich,
  seis als Held und Weltumstürzer,
Seis als ruhmbekränzter Freiherr
  in dem Paradies der Künste,
Wo die Wunderbäume blühen
  und der schönen Frauen Günste.

Heute, wenn die müde Hoffnung
  wieder sich zum Wunsch bequemte,
Wünscht ich bloß ein kindisch Wünschlein,
  dessen der Verstand sich schämte:
Möchte wissen, wie die Glocke,
  die mich in den Schlaf gewöhnte,
Damals, ganz zuerst am Anfang,
  möchte wissen, wie sie tönte.

Du neues Jahr...

...setze dem Überfluß Grenzen und lasse die Grenzen überflüssig werden.

Lasse die Leute kein falsches Geld machen, aber auch das Geld keine falschen Leute.

Nimm den Ehefrauen das letzte Wort und erinnere die Ehemänner an ihr erstes.

Schenke unseren Freunden mehr Wahrheit und der Wahrheit mehr Freunde.

Bessere solche Beamten, Geschäfts- und Arbeitsleute, die wohl feil, aber nicht wohlfeil, die wohl tätig, aber nicht wohltätig sind.

Sorge dafür, daß wir alle in den Himmel kommen, aber noch lange nicht.

KONSTANTIN KAVAFIS (1863–1933)

Kerzen

Die Tage der Zukunft stehen vor uns
Wie eine Reihe angezündeter Kerzen –
Goldene, warme, lebendige Kerzen.

Die Tage der Vergangenheit bleiben hinter uns,
Eine traurige Reihe abgebrannter Kerzen,
Die letzten rauchen noch,
Kalte Kerzen, geschmolzen und krumm.

Ich will sie nicht sehen; ihr Anblick grämt mich,
Es schmerzt mich, an ihr erstes Licht zu denken.
Ich schaue nach vorn auf meine brennenden Kerzen.

Ich will mich nicht umwenden, um mit Entsetzen
          zu sehen,
Wie rasch die dunkle Reihe sich verlängert,
Wie rasch die erloschenen Kerzen sich mehren.

CHRISTIAN MORGENSTERN (1871–1914)

Die Zeit

Es gibt ein sehr probates Mittel,
die Zeit zu halten am Schlawittel:
Man nimmt die Taschenuhr zur Hand
und folgt dem Zeiger unverwandt.

Sie geht so langsam dann, so brav
als wie ein wohlgezogen Schaf,
setzt Fuß vor Fuß so voll Manier
als wie ein Fräulein von Saint-Cyr.

Jedoch verträumst du dich ein Weilchen
so rückt das züchtigliche Veilchen
mit Beinen wie der Vogel Strauß
und heimlich wie ein Puma aus.

Und wieder siehst du auf sie nieder;
Ha, Elende! – Doch was ist das?
Unschuldig lächelnd macht sie wieder
Die zierlichsten Sekunden-Pas.

Du mußt das Leben nicht verstehen,
dann wird es werden wie ein Fest.
Und laß dir jeden Tag geschehen,
so wie ein Kind im Weitergehen
von jedem Wehen
sich viele Blüten schenken läßt.

Sie aufzusammeln und zu sparen,
das kommt dem Kind nicht in den Sinn.
Es löst sie leise aus den Haaren,
drin sie so gern gefangen waren,
und hält den lieben jungen Jahren
nach neuen seine Hände hin.

*

… Und nun wollen wir glauben an ein langes Jahr, das
uns gegeben ist, neu, unberührt, voll nie gewesener
Dinge, voll nie getaner Arbeit, voll Aufgabe, Anspruch
und Zumutung; und wollen sehen, daß wirs nehmen
lernen, ohne allzuviel fallen zu lassen von dem, was es
zu vergeben hat, an die, die Notwendiges, Ernstes und
Großes von ihm verlangen. …

ALFRED POLGAR (1875–1955)

Ein neues Jahr

Wir numerieren die Jahre. Eigentlich wäre es netter, ihnen nicht eine kalte, nüchterne Zahl anzuhängen, sondern einen Namen. Oder einen Titel, wie ihn Bücher führen. Wäre es nicht schön, ein Jahr zu beginnen, das etwa »Rose-Marie« hieße? Oder: »Der gute Freund« oder »Segen der Liebe«? Man denke nur, was solche Neuerungen allein schon für die Briefpapier- und Kalenderindustrie bedeuten müßten, ganz zu schweigen von dem mystischen Einfluß des Namens auf das Jahr, das ihn zwölf Monate lang trüge. Wie es zu heißen hätte, müßte eine internationale Kommission bestimmen, deren Spruch sich die ganze zivilisierte Welt widerspruchslos zu fügen gewohnt ist, also etwa der Völkerbund oder die »Association universelle des idéalistes«, die es ebenfalls nicht gibt. Diese Kommission sollte auch das Recht haben, einen großen Menschen dadurch zu ehren, daß sie das Jahr nach ihm benennte. Um wieviel mehr und dauerhafter würde solche Ehrung über gemeine Sterbliche erhöhen als der ziemlich kompromittierte Nobelpreis!

Vorläufig numerieren wir noch. Wir nähern uns, seit Christi Geburt gezählt, schon der Zahl 1937. Nein, wie die Zeit vergeht! Und dies ist noch das Beste, was sie tun kann. Eine schwere Wolke von Gemeinheit, Grausamkeit und Dummheit hängt über ihr, und kein Lüftchen kündet an, daß von irgendwoher ein Wind sich erheben wolle, das »schwüle Gedünst« (Rich. Wagner) fortzuwehen. Also bleibt nur die Hoffnung, daß es, mit der Zeit, vergehen werde. Diese läuft ja, seit sie das vielbesprochene Tempo hat (was allerdings ein Unsinn ist, wie die Wendung »der Raum hat Raum« einer wäre), in so sprudelnder, schäumender Hast dahin, als könnte sie's gar nicht erwarten, in die Ewigkeit zu münden. Von der Angst gejagt, hinter ihr zurückzubleiben, geraten die Menschen außer Atem, und bis sie darauf kommen, daß ihnen bei langsamerem Tempo Enttäuschung und Tod genau so gewiß sind wie bei höchstgesteigertem, haben sie die besten Chancen, ihr Leben zu nützen, versäumt. »Nimm dir Zeit, sonst nimmt sie dich!« könnte ganz gut irgend ein Weiser gesagt haben.

Wie das kommende Jahr sich gestalten mag, das wissen nur die wenigsten, und die sagen es vernünftigerweise nicht. Wozu denn auch? Das Gute, das sie künden könnten, wird auch als Überraschung willkommen sein, und die Übel, die sie voraussagen, wüßten wir ja doch nicht abzuwenden; denn vermöchten wir's, so wäre ja der Prophet, der sie vorausgesagt hat, keiner gewesen. Viel Wahrscheinlichkeit hat immer die Voraussage für sich, daß das neue Jahr zwölf Monate währen, reich an Geburts- und Todestagen und, wenn es schön sein, dann Mühe und Arbeit sein wird. Eine bessere Prognose, dies lehrt die Erfahrung, können wir keinem Jahr stellen. Oder weiß jemand eines zu nennen, von dem die Menschen sich schwer getrennt, zu dem sie gesprochen hätten: Verweile doch, du bist so schön!? Hat schon jemals einer in der Silvesternacht »Prost Alt-Jahr« gerufen? Man ist immer froh, dieses losgeworden zu sein, und erst wenn wiederum ein Jahr in Schmerzen vergangen ist, sieht man reuig ein, was man an dem vorhergegangenen gehabt hat. Ein und dasselbe Jahr hält man höchstens ein Jahr lang aus, keine Minute länger.

Sollen wir fürchten, daß das kommende Jahr sein wird wie das gewesene, oder sollen wir's hoffen? Das ist die Frage. Eine ziemliche Gewißheit besteht: An den ewigen Sternen über uns wird die nächste Zukunft, verlaufe sie, wie sie wolle, kaum etwas ändern. Auch künftighin werden die Schwingenspitzen des Schwans in alter Herrlichkeit glänzen, wird in unverminderter Kraft das W der Kassiopeia flammen, wird kein Edelstein aus dem Gürtel des Orion gebrochen werden, und nach wie vor, glanzvoll aufgeschirrt, Räder und Deichsel aus lauterem Gold, der Große Wagen auf seinem Standplatz stehen. Das Sternenzelt dürfte intakt bleiben. Von der anderen Kantschen Gewißheit, dem Sittengesetz in unserer Brust, möchte ich das nicht mit solcher Sicherheit behaupten.

Jedenfalls nähert sich, um den 21. Dezember herum, die Erde wieder der Sonne, der Tag »nimmt zu«, setzt Sekunden an, Knospen, in denen Licht reift und Wärme. Aus der Tiefe der Dunkelheiten geht es aufwärts. Diese Änderung der Fahrt-Richtung ist es offenbar, die den Menschen um Neujahr herum zur guten Laune anreizt und ihn so geneigt macht, den Menschenbruder zu umarmen, beziehungsweise ihm die Gurgel umzudrehen. Ob er sich für dies oder jenes entscheidet, ist Sache der Weltanschauung.

HERMANN HESSE (1877–1962)

Stufen

Wie jede Blüte welkt und jede Jugend
Dem Alter weicht, blüht jede Lebensstufe,
Blüht jede Weisheit auch und jede Tugend
Zu ihrer Zeit und darf nicht ewig dauern.
Es muß das Herz bei jedem Lebensrufe
Bereit zum Abschied sein und Neubeginne,
Um sich in Tapferkeit und ohne Trauern
In andre, neue Bindungen zu geben.
Und jedem Anfang wohnt ein Zauber inne,
Der uns beschützt und der uns hilft zu leben.

Wir sollen heiter Raum um Raum durchschreiten,
An keinem wie an einer Heimat hängen,
Der Weltgeist will nicht fesseln uns und engen,
Er will uns Stuf' um Stufe heben, weiten.
Kaum sind wir heimisch einem Lebenskreise
Und traulich eingewohnt, so droht Erschlaffen,
Nur wer bereit zu Aufbruch ist und Reise,
Mag lähmender Gewöhnung sich entraffen.
Es wird vielleicht auch noch die Todesstunde
Uns neuen Räumen jung entgegensenden,
Des Lebens Ruf an uns wird niemals enden…
Wohlan denn, Herz, nimm Abschied und gesunde!

Jahrlied

In Finsternis vollendet,
In Dunkelheit erwacht,
Jed Jahr beginnt und endet
Im Schoß der Mitternacht,
Jed Jahr und jeder Tag:
Mit Tag und Jahr im Kreise
Läuft unsres Lebens Reise,
Fragt keinen, ob er mag.

Uns dünkt das Heut geringe,
Das Morgen ungewiß
Im unermessnen Ringe
Umgibt uns Finsternis.
Wer weiß, woher er kam,
Wer kennt, wohin wir wandern,
Wenn unser Jahr mit andern
Den letzten Abschied nahm?

Drum wendet euch nach oben
Schon rückt der Zeiger sacht –
Mit Danken und mit Loben
Zum Herrn der Mitternacht.
Gegrüßet, ewig Licht,
Das wir im Finstern ahnen,

Da noch kein Ruf des Hahnen
Vom neuen Morgen spricht.
Den Morgen sonder Ende,
Den Abend sonder Nacht,
Tag ohne Wank und Wende,

Begrüßet ihn und wacht.
Ihr steht im Gnadenschein,
Laßt ihn in euch gewähren,
So tritt das Jahr des Herren
In euer Jahr herein.

*

Zum neuen Jahr

In Finsternis geboren,
Dem Lichte zugewandt,
Geht aus verschwiegnen Toren
Das neue Jahr ins Land.
Vor Morgengraun,
In starkem Frost und Eise
Beginnt die Reise:
Jed Jahr will seinen Frühling schaun.

Es kommt aus Gottes Händen,
In ihm wird's offenbar;
In Gott wird selig enden
Dies Jahr und alles Jahr.
Der jedes Haar
Auf deinem Haupt gezählet,
Was jedem fehlet,
Nahm Gott, bevor wir warden, wahr.

Ein Jahr muß bald veralten,
Kennt seine Stätte nicht,
Fährt hin mit Winds Gewalten,
Wir haben's Zuversicht.
Gott schickt den Tod,

Den Boten stark von Schwingen,
Uns heimzubringen
Aus aller Feindschaft, Fahrt und Not.

Wir werfen unsre Sorgen
Auf ihn und glauben fest,
Daß Gott uns heut und morgen
Und ewig nicht verläßt.
Das bängste Leid,
Die längste Not hienieden
Dünkt eitel Frieden
Vorm Antlitz seiner Herrlichkeit.

*

Wir harren, Geist, in dunkler Zeit;
Gib deinen Stern uns zum Geleit
Auf winterlichem Feld.
Du kämest sonst doch Jahr um Jahr;
Nimm heut auch unsrer Armut wahr
In der verworrnen Welt.
Es geht uns nicht um bunten Traum
Von Kinderlust und Lichterbaum;
Wir bitten: Blick uns an,
Und laß uns schaun dein Angesicht,
Drin jedermann, was ihm gebricht,
Gar leicht verschmerzen kann.
Es darf nicht immer Friede sein;
Wer's recht begriff, der gibt sich drein.
Hat jedes seine Zeit.
Nur deinen Frieden, lieber Herr,
Begehren wir je mehr und mehr,
Je mehr die Welt voll Streit.

JOACHIM RINGELNATZ (1883–1939)

Geburtstagsgruß

Ach wie schön, daß Du geboren bist!
Gratuliere uns, daß wir Dich haben,
Daß wir Deines Herzens große Gaben
Oft genießen dürfen ohne List.

Deine Mängel, Deine Fehle sind
Gegen das gewogen harmlos klein.
Heut nach vierzig Jahren wirst Du sein:
Immer noch ein Geburtstagskind.

Möchtest Du: nie lange traurig oder krank
Sein. Und: wenig Häßliches erfahren. –
Deinen Eltern sagen wir unseren fröhlichen Dank
Dafür, daß sie Dich gebaren.

Gott bewinke Dir
Alle Deine Schritte;
Ja, das wünschen wir,
Deine Freunde und darunter (bitte)
Dein...

*

Freude

Freude soll nimmer schweigen.
Freude soll offen sich zeigen.
Freude soll lachen, glänzen und singen.
Freude soll danken ein Leben lang.

Freude soll dir die Seele durchschauern.
Freude soll weiterschwingen.
Freude soll dauern
Ein Leben lang.

*

Silvester

Daß bald das neue Jahr beginnt,
Spür ich nicht im geringsten.
Ich merke nur: Die Zeit verrinnt
Genauso wie zu Pfingsten,

Genau wie jährlich tausendmal.
Doch Volk will Griff und Daten.
Ich höre Rührung, Suff, Skandal,
Ich speise Hasenbraten.

Mit Cumberland, und vis-à-vis
Sitzt von den Krankenschwestern
Die sinnlichste. Ich kenne sie
Gut, wenn auch erst seit gestern.

Champagner drängt, lügt und spricht wahr.
Prosit, barmherzige Schwester!
Auf! In mein Bett! Und prost Neujahr!
Rasch! Prosit! Prost Silvester!

Die Zeit verrinnt. Die Spinne spinnt
In heimlichen Geweben.
Wenn heute nacht ein Jahr beginnt,
Beginnt ein neues Leben.

HERMANN BROCH (1886–1951)

Das Unauffindbare

Du suchst den Anfang, suchst zurück;
so schön, so schön war es, daß du nun glaubst,
es sei der Sinn, den du aufs neue dir belaubst,
und es ersteht dir Stück um Stück
das Einst, das Glück.

Der Berg, die Landschaft, ein Hotel,
die schöne Zeit! Du liebtest eine Frau,
fast war es Sinn; ein Kindheitsgarten voller Tau –,
knietest du nicht? Oh, es entglitt, entglitt so schnell,
ein Glücksmodell.

GOTTFRIED BENN (1886–1956)

Nur zwei Dinge

Durch so viele Formen geschritten,
durch Ich und Wir und Du,
doch alles blieb erlitten
durch die ewige Frage: wozu?

Das ist eine Kinderfrage.
Dir wurde erst spät bewußt,
es gibt nur eines: ertrage
– ob Sinn, ob Sucht, ob Sage –
dein fernbestimmtes: Du mußt.

Ob Rosen, ob Schnee, ob Meere,
was alles erblühte, verblich,
es gibt nur zwei Dinge: die Leere
und das gezeichnete Ich.

Das neue Jahr

Wir wollen still beginnen
das neue, dunkle Jahr,
das alte hat gegeben,
was süß und bitter war.

Es hat uns tief gezeichnet
wie einen Baum im Wald,
und ferner, immer ferner
die helle Axt noch hallt.

Noch gehn durch unsre Kronen
die Winde fern und groß,
doch tropft aus unsren Zeichen
das Harz ins dunkle Moos.

Nun wird es sich erweisen
wie tief die Schneide schlug,
und ob das alte Jahr uns
die letzten Früchte trug.

Noch nisten stille Vögel
in unsrer grünen Welt...
o laßt die Jungen singen,
bevor die Krone fällt!

Du Jahr der auferweckten Toten,
noch einmal nehm' ich deine Hand:
du warst das Kreuz auf meinen Broten,
du warst das Gold in meinem Sand.

Du beugtest tief mir meinen Nacken,
bis ich im Staube mich gemüht,

und hast aus allen dunklen Schlacken
das letzte Erz mir ausgeglüht.

Die Flügel deiner Mühlen schwangen
bis in das letzte Abendrot:
dann habe ich es still empfangen,
das letzte Salz, das letzte Brot.

Mir ist, als ob ich strahlend stände
schon jenseits Urteil und Gericht,
und wo mein Weg sich immer wende:
ich schreite wie ins Sternenlicht.

Kommt der Herbst, so mußt du wenden
still dein Herz zur Kinderzeit,
denn die Falten auf den Händen
künden die Vergänglichkeit.

Wenn sie vor den Fenstern lärmen
von der neuen Zeit und Welt:
laß dein Herz sich nicht mehr härmen,
sieh, dein Acker ist bestellt.

Knüpfe, was du auch gewonnen,
an den Anfang dir zurück;
nur was still sich fortgesponnen,
ist dir Ernte, Lohn und Glück.

Sieh dich wachsen, sieh dich wenden
aus den ersten Kinderschuh'n,
mehr gewinnst du nicht auf Erden,
als das dir Gesetzte tun.

Wenn auch tausend Stühle weben
Menschenglanz und Menschenpracht:
golden steht dein Kinderleben
vor der letzten dunklen Nacht.

Ein kleiner Engel zerschneidet die Zeit

Hinter den Wolken, irgendwo weit,
sitzt ein kleiner Engel und zerschneidet die Zeit
mit einer großen Schere,
als wenn's eine Zeitung wäre.
Er schnickert in die Kreuz und die Quer
ganz einfach so vor sich her,
wie es ihm grad in den Sinn kommt
und wo seine Schere hinkommt.
Was bleibt von der Zeit? Was bleibt dir und mir?
Was bleibt, was bleibt uns allen?
Viele kleine Schnitzel Papier,
die in Gottes Papierkorb fallen...

Hinter den Wolken, irgendwo weit,
sitzt ein kleiner Engel und zerschneidet die Zeit
mit einer großen Schere.
Er zerschneidet das Glück, er zerschneidet das Leid,
er zerschneidet die ganze Ewigkeit,
als wenn sie aus Pappe wäre...

KURT TUCHOLSKY (1890–1935)

Silvester

Was fange ich Silvester an?
Geh ich in Frack und meinen kessen
blausanen Strümpfen zu dem Essen,
das Herr Generaldirektor gibt?
Wo man heut nur beim Tanzen schiebt?
Die Hausfrau dehnt sich wild im Sessel –
der Hausherr tut das sonst bei Dressel –,
das junge Volk verdrückt sich bald.
Der Sekt ist warm. Der Kaffee kalt –
Prost Neujahr!
Ach, ich armer Mann!
Was fange ich Silvester an?

Wälz ich mich im Familienschoße?
Erst gibt es Hecht mit süßer Sauce,
dann gibts Gelee. Dann gibt es Krach.
Der greise Männe selbst wird schwach.
Aufsteigen üble Knatschgerüche.
Der Hans knutscht Minna in der Küche.
Um zwölf steht Rührung auf der Uhr.
Die Bowle –! (»Leichter Mosel« nur –).
Prost Neujahr!
Ach, ich armer Mann!
Was fange ich Silvester an?

Mach ich ins Amüsiervergnügen?
Drück ich mich in den Stadtbahnzügen?
Schrei ich in einer schwulen Bar:
»Huch, Schneeballblüte! Prost Neujahr –!«
Geh ich zur Firma Sklarz Geschwister –
(Nein, nein – ich bin ja kein Minister!)

Bleigießen? Ists ein Fladen klein:
Dies wird wohl Deutschlands Zukunft sein...
Prost Neujahr!
Helft mir armem Mann!
Was fang ich bloß Silvester an –?

(Einladungen dankend verbeten.)

*

Silvester

So viel Tage zerronnen,
so viel Monate fliehn;
stets etwas Neues begonnen,
dorrt es unter der Sonnen...
Hexenkessel Berlin!

Ich, der Kalendermacher,
blick nachdenklich zurück.
Mal ein Hieb auf den Schacher,
mal auf den Richter ein Lacher –
Aber wo blieb das Glück?

Schau, sie sind kaum zu belehren.
Denken nur merkantil.
Halten den Dollar in Ehren,
können ihn nicht entbehren
Liebliches Börsenspiel.

Mädchen – euch halten die Schieber!
Denn sie sind obenauf.
Geist –? Es ist euch viel lieber
Lack und Erfolg und Biber –
Das ist der Welten Lauf.

Nur mit dem Armband bekleidet
wandelt Melpomene.
Börsenfaun, er entscheidet,
woran die Loge sich weidet
kugeliges Dekolleté.

Wie verbring ich Silvester?
Gib mir dein blondes Haar.
Fasse die Arme mir fester,
gib dich, du liebliche Schwester –
woll aus deinen Händen
Nacht und Entzücken mir spenden
und ein besseres, anderes Jahr!

*

Das Ideal

Ja, das möchste:
Eine Villa im Grünen mit großer Terrasse,
vorn die Ostsee, hinten die Friedrichstraße;
mit schöner Aussicht, ländlich-mondän,
vom Badezimmer ist die Zugspitze zu sehn –
aber abends zum Kino hast dus nicht weit.

Das Ganze schlicht, voller Bescheidenheit:

Neun Zimmer, – nein, doch lieber zehn!
Ein Dachgarten, wo die Eichen drauf stehn,
Radio, Zentralheizung, Vakuum,
eine Dienerschaft, gut gezogen und stumm,
eine süße Frau voller Rasse und Verve –
(und eine für Wochenend, zur Reserve) –,

eine Bibliothek und drumherum
Einsamkeit und Hummelgesumm.

Im Stall: Zwei Ponies, vier Vollbluthengste,
acht Autos, Motorrad – alles lenkste
natürlich selber – das wär ja gelacht!
Und zwischendurch gehst du auf Hochwildjagd.

Ja, und das hab ich ganz vergessen:
Prima Küche – erstes Essen –
alte Weine aus schönem Pokal –
und egalweg bleibst du dünn wie ein Aal.
Und Geld. Und an Schmuck eine richtige Portion.
Und noch ne Million und noch ne Million.
Und Reisen. Und fröhliche Lebensbuntheit.
Und famose Kinder. Und ewige Gesundheit.

Ja, das möchste!

Aber, wie das so ist hienieden:
manchmal scheints so, als sei es beschieden
nur pöapö, das irdische Glück.
Immer fehlt dir irgendein Stück.
Hast du Geld, dann hast du nicht Käten;
hast du die Frau, dann fehlen dir Moneten –
hast du die Geisha, dann stört dich der Fächer:
bald fehlt uns der Wein, bald fehlt uns der Becher.

Etwas ist immer.

Tröste dich

Jedes Glück hat einen kleinen Stich.
Wir möchten so viel: Haben. Sein. Und gelten.
Daß einer alles hat:
                          das ist selten.

HERMANN HILTBRUNNER (1893–1961)

Herr der Stunden, Herr der Tage,
sieh, wir stehn in deiner Hand;
aus dem Meer von Leid und Klage
führe uns auf festes Land.

Herr der Tage, Herr der Jahre,
dieser Erde Zwischenspiel,
wende es ins Wunderbare,
weis uns aller Ziele Ziel.

Herr der Jahre, Herr der Zeiten,
dir sind wir anheimgestellt;
wollest unsre Schritte leiten,
Herr der Menschen, Herr der Welt.

EUGEN ROTH (1895–1976)

Die Torte

Ein Mensch kriegt eine schöne Torte.
Drauf stehn in Zuckerguß die Worte:
»Zum heutigen Geburtstag Glück!«
Der Mensch ißt selber nicht ein Stück,
Doch muß er in gewaltigen Keilen
Das Wunderwerk ringsum verteilen.
Das »Glück«, das »heu«, der »tag« verschwindet,
Und als er nachts die Torte findet,
Da ist der Text nur mehr ganz kurz.
Er lautet nämlich nur noch: »burts«.
Der Mensch, zur Freude jäh entschlossen,
Hat diesen Rest vergnügt genossen.

*

Zeitrechnung

Mit Weltgeschichte sind wir reichlich
Versorgt und darum gar nicht weichlich.
Wir durften, wenn auch unter Beben,
Schon manche große Zeit erleben.
Doch unsre Daten, ganz persönlich,
Die richten trotzdem wir gewöhnlich
Nach kleinen Zeiten, nach wie vor:
Damals, als Hans den Fuß erfror,
Als unser Bruder, Vater, Gatte
Die schwere Halsentzündung hatte,
Als – unvergeßlich bleibt der Tag! –

Der Fritz auf Tod und Leben lag;
Wir werden sagen: in dem Jahr,
In dem Marie den Max gebar,
der Franz die Masern sich erworben,
Der Onkel Florian gestorben,
Die Olga operiert war – kurz,
Nicht Weltkrieg und Regierungssturz,
Nicht Wirtschafts- und nicht Währungskrisen
Sind als kalenderfest erwiesen.
Auch künftig rechnen wir die Jahre
Nur von der Wiege bis zur Bahre.

BERTOLT BRECHT (1898–1956)

Friedenslied

(Frei nach Neruda)

Friede auf unserer Erde!
Friede auf unserem Feld!
Daß es auch immer gehöre
Dem, der es gut bestellt!

Friede in unserem Lande!
Friede in unserer Stadt!
Daß sie den gut behause
Der sie gebauet hat!

Friede in unserem Hause!
Friede im Haus nebenan!
Friede dem friedlichen Nachbarn
Daß jedes gedeihen kann!

Friede dem Roten Platze!
Und dem Lincolnmonument
und dem Brandenburger Tore
Und der Fahne, die drauf brennt!

Friede den Kindern Koreas!
Und den Kumpels an Neiße und Ruhr!
Friede den New Yorker Schoffören
Und den Kulis von Singapore!

Friede den deutschen Bauern!
Und den Bauern im Großen Banat!
Friede den guten Gelehrten
Eurer Stadt Leningrad!

Friede der Frau und dem Manne!
Friede dem Greis und dem Kind!
Friede der See und dem Lande
Daß sie uns günstig sind!

*

An die Nachgeborenen

I

Wirklich, ich lebe in finsteren Zeiten!
Das arglose Wort ist töricht. Eine glatte Stirn
Deutet auf Unempfindlichkeit hin. Der Lachende
Hat die furchtbare Nachricht
Nur noch nicht empfangen.

Was sind das für Zeiten, wo
Ein Gespräch über Bäume fast ein Verbrechen ist
Weil es ein Schweigen über so viele Untaten einschließt!
Der dort ruhig über die Straße geht
Ist wohl nicht mehr erreichbar für seine Freunde
Die in Not sind?

Es ist wahr: ich verdiene noch meinen Unterhalt
Aber glaubt mir: das ist nur ein Zufall. Nichts
Von dem, was ich tue, berechtigt mich dazu,
      mich sattzuessen.
Zufällig bin ich verschont. (Wenn mein Glück aussetzt,
      bin ich verloren.)

Man sagt mir: Iß und trink du! Sei froh, daß du hast!
Aber wie kann ich essen und trinken, wenn
Ich dem Hungernden entreiße, was ich esse, und

Mein Glas Wasser einem Verdurstenden fehlt?
Und doch esse und trinke ich.

Ich wäre gerne auch weise.
In den alten Büchern steht, was weise ist:
Sich aus dem Streit der Welt halten und die kurze Zeit
Ohne Furcht verbringen
Auch ohne Gewalt auskommen
Böses mit Gutem vergelten
Seine Wünsche nicht erfüllen, sondern vergessen
Gilt für weise.
Alles das kann ich nicht:
Wirklich, ich lebe in finsteren Zeiten!

II

In die Städte kam ich zur Zeit der Unordnung
Als da Hunger herrschte.
Unter die Menschen kam ich zu der Zeit des Aufruhrs
Und ich empörte mich mit ihnen.
So verging meine Zeit
Die auf Erden mir gegeben war.

Mein Essen aß ich zwischen den Schlachten
Schlafen legte ich mich unter die Mörder
Der Liebe pflegte ich achtlos
Und die Natur sah ich ohne Geduld.
So verging meine Zeit
Die auf Erden mir gegeben war.

Die Straßen führten in den Sumpf zu meiner Zeit.
Die Sprache verriet mich dem Schlächter.
Ich vermochte nur wenig. Aber die Herrschenden
Saßen ohne mich sicherer, das hoffte ich.
So verging meine Zeit
Die auf Erden mir gegeben war.

Die Kräfte waren gering. Das Ziel
Lag in großer Ferne
Es war deutlich sichtbar, wenn auch für mich
Kaum zu erreichen.
So verging meine Zeit
Die auf Erden mir gegeben war.

III

Ihr, die ihr auftauchen werdet aus der Flut
In der wir untergegangen sind
Gedenkt
Wenn ihr von unseren Schwächen sprecht
Auch der finsteren Zeit
Der ihr entronnen seid.

Gingen wir doch, öfter als die Schuhe die Länder
          wechselnd
Durch die Kriege der Klassen, verzweifelt
Wenn da nur Unrecht war und keine Empörung.

Dabei wissen wir doch:
Auch der Haß gegen die Niedrigkeit
Verzerrt die Züge.
Auch der Zorn über das Unrecht
Macht die Stimme heiser. Ach, wir
Die wir den Boden bereiten wollten für Freundlichkeit
Konnten selber nicht freundlich sein.

Ihr aber, wenn es so weit sein wird
Daß der Mensch dem Menschen ein Helfer ist
Gedenkt unsrer
Mit Nachsicht.

Hat jeder seinen Punsch?
Neujahrsrede auf dem Balkon

Liebe Freunde! Es ist wieder einmal soweit. Die Glocken erklingen. Auf Mittelwelle. Die Glocken von Köln, Reims, Ulm, Chartres, Rom, Wien und Westminster. Der Empfang ist hervorragend, nicht? Als ob man gleichzeitig überall wäre! Was sagen Sie? Die Glocken unserer Pfarrkirche nebenan läuten auch? Was Sie nicht sagen! Haben Sie übrigens gelesen, daß sich die Gemeinde von Zwischenkiefersfelden eine Lautsprecheranlage gekauft hat? Und ein Tonband mit dem Glockengeläute des Mailänder Doms? Das ist billiger als eigne Glöckchen. Und macht mehr her. Tja. O du fröhliche, o du selige alexandrinische Neujahrszeit! Hat jeder seinen Punsch? Dann laßt uns den Balkon beschreiten! Hinaus auf den Balkon! Hinein ins neue Jahr! Zuvor pflücke sich jeder eine Eisblume vom Fenster! Den Herren ins Knopfloch! Den Damen ins Haar! Ready? Na denn. Nach Ihnen, Frau Direktor! Fallen Sie nicht über den Christbaum! Wir mußten ihn hinaustun. Schon am zweiten Feiertag gingen ihm die Haare aus. Trilysin für Christbäume gibt's noch nicht. Na, das kommt noch. So sicher wie der Reißverschluß für künstliche Kachelöfen. Der Fortschritt schreitet fort. Wo sollte er sonst auch hin? Es schneit sogar ein bißchen! Wunderbar, diese Natur! Und tatsächlich! Drüben vom Kirchturm läutet's! Reims klingt allerdings besser. Das muß man Reims lassen. Naja. Herr Doktor Stopfkuchen beniest es. Prost, Stopfkuchen! Und überhaupt und allerseits: Prosit! Auf gut deutsch: Es möge nützen! Anna! Schenken Sie nach! Ich will eine Rede halten! Eingedenk der unwiderlegbaren Bemerkung

Ciceros in De senectute: »Reden sind dazu da, daß sie gehalten werden.« Das Wichtigste beim Reden einer Rede ist die Disposition. Beim Einläuten eines neuen Jahrs bieten sich, praeter propter, vier Möglichkeiten. Betrachten wir sie näher! Möglichkeit Nummer I lautet: Das alte Jahr war schlimm, das neue kann nur besser werden. Dieser Gesichtspunkt hat manches für sich. Möglichkeit Nummer II heißt: Das alte Jahr war gut, das neue kann nur ärger geraten. Auch eine solche Behauptung ist nicht von der Hand zu weisen. Möglichkeit Nummer III besagt: Das alte Jahr war gut, das neue wird noch besser. Möglichkeit Nummer IV kehrt den Satz ins Gegenteil und lautet: Das alte Jahr war arg genug, doch das neue wird noch viel schlimmer werden. Und man muß zugeben, daß auch diesen beiden Möglichkeiten eine gewisse Berechtigung nicht abgesprochen werden kann. Prosit! Anna! Schenken Sie nach! Vier Möglichkeiten, das neue Jahr zu begrüßen. Vier wackre Gesichtspunkte, liebe Freunde. Einen einzigen zu wählen wäre unbillig. Um alle vier zu berücksichtigen, dafür ist es zu kalt. Da ich gerecht sein möchte und nicht will, daß wir uns erkälten, wird es das beste sein, wenn schon nicht auf die Rede, so doch auf eine Disposition zu verzichten. Prosit! Anna! Schenken Sie nach! Die Ruine gegenüber hat etwas Faszinierendes, finden Sie nicht? In silbernes Mondlicht getaucht. Märchenhaft. Und aus dem Schornstein, der versehentlich stehen geblieben ist und mich manchmal an einen erhobenen Zeigefinger erinnert, steigt Rauch in den Himmel. Das muß Sie nicht wundern. Im Keller wohnen ein paar Leute. Arme Leute, ja. Aus Böhmen. Seit sieben Jahren. Sie leben mit der Ruine um die Wette. Das heißt, die Eltern des Einbeinigen sind mittlerweile gestorben. Aber es sind Kinder da. Tja, im Keller geboren. Die Menschheit ist nicht totzukriegen. Darauf müssen wir anstoßen. Anna! Schenken Sie nach!

Prosit, liebe Freunde! Auf gut deutsch: Es möge nützen! Was sagen Sie? Fein! Alle mal herhören: Der Kaffee steht auf dem Tisch! Mit Christstollen! Nach altem Dresdner Rezept! Man muß ihn in nasse Tücher wickeln. Das ist das ganze Geheimnis. Und mit viel Butterschmalz backen. Klar. Glücklicherweise gibt's das ja alles wieder. Dann also, hinein in die gute Stube! Ich komme gleich nach. Will nur rasch noch dem Mond gute Nacht sagen! Alte Gewohnheit von mir! Der Hausherr zum Mond: »Gute Nacht, du alter Geselle!« Der Mond zum Hausherrn: »Glückliches neues Jahr, Herr Mittenzwei!«

*

Spruch für die Silvesternacht

Man soll das Jahr nicht mit Programmen
beladen wie ein krankes Pferd.
Wenn man es allzusehr beschwert,
bricht es zu guter Letzt zusammen.

Je üppiger die Pläne blühen,
um so verzwickter wird die Tat.
Man nimmt sich vor, sich zu bemühen,
und schließlich hat man den Salat.

Es nützt nicht viel, sich rotzuschämen.
Es nützt nichts, und es schadet bloß,
sich tausend Dinge vorzunehmen.
Laßt das Programm! Und bessert euch drauflos!

Zum neuen Jahr

»Wird's besser? Wird's schlimmer?«
fragt man alljährlich,
seien wir ehrlich:
Leben ist immer
lebensgefährlich.

*

An die Gratulanten

Tausend Wünsche sind gekommen,
pausenlos von früh bis spät,
und ich hab sie (auch die frommen)
kurzerhand beim Wort genommen
und vorm Fenster ausgesät.

Vorhin hob ich die Gardinen.
War es Täuschung? Sah ichs grünen?
Werden's Blumen? Bleibt's Papier?
Sollt' es blühen, lags an Ihnen.
Wird es nichts, dann liegt's an mir.

THEODOR KRAMER (1897–1958)

Einem Freund zum Fünfzigsten

Jetzt sprichst du noch, wenn es zum Trinken kommt,
vom vielen Wein, den du getrunken hast,
und denkst daran, ob er dir gut bekommt;
du bist noch stets ein gern gesehner Gast.
Noch überklingt dein gutes Lachen breit
den Unterton der wehen Fröhlichkeit.

Die schönen Frauen sind es auch für dich,
voll hebt zu ihnen sich dein Blick, nicht dreist;
den apfeljungen ohne Brauenstrich
bist du durch manches über, was du weißt.
Noch leihn die Falten Schärfe dem Gesicht;
die blickt nach dir, ist noch die letzte nicht.

Noch kannst du abtun, was dich nachts bedrückt
an deinem Wesen, wie man Staub abstreift;
noch ist dein Wirken nicht dorthin entrückt,
wohin dein eigner Finger nicht mehr greift.
Gesetzt ist dir noch eine kurze Frist;
weh dir, wenn du dann noch nicht weise bist!

Plötzlich, nach langen Jahren

Plötzlich, nach langen Jahren,
weißt du: Es ward dir nichts kund.
Was du auch immer erfahren,
unbekannt blieb es im Grund.

Landschaft, die täglich geschaute,
liegt, wie den Blicken gespart.
Alles das Nah und Vertraute
hat sein Geheimnis gewahrt.

Blieb das Verschwiegne, Verstellte:
Wanderweg, Wolke, ein Baum.
Dünkte dich eins das Erhellte,
war's ein Erahntes doch kaum!

All dein Erinnern, Behalten
zeigt dir ein Ungefähr
flüchtiger Bilder, Gestalten,
dämmernde Spuren, nicht mehr.

Was denn von allen den Herbsten
merktest du? Und was vom Wind?
Plötzlich den Umriß, den derbsten,
greifst du, gleich einem, der blind;

daß es dir sei das Gewisse,
zu spüren, wenn nichts dir bestand,
einer Rinde die Schrunden und Risse,
eines Steines zerbröckelnder Rand.

ROSE AUSLÄNDER (1901–1988)

Neujahr II

Es schneit
Neujahrswünsche

Briefvögel
aus aller Welt
kommen geflogen

Boten
bringen Geschenke

Wir freuen uns zurück
ins vergessene Land

hören wieder die Worte
»Liebe deinen Nächsten
wie dich selbst«

HANS SAHL (1902–1993)

Die Zeit

Ist sie eine Geburt der Gestirne,
oder haben menschliche Gehirne
sie erfunden, die Zeit?
Ist sie eine Phase der Ewigkeit,
oder das Metronom meiner Vergänglichkeit
auf einsamem Lager?
Ist sie das Buch, das ich lese,
ein Bild,
ein Unterhaltungsschlager,
mit dem ich sie totschlage, die Zeit?

Ihr Antlitz hat viele Züge,
Liebe,
Haß
oder Lüge.
Ich kann sie bejahen
oder verneinen,
ihre Opfer beweinen
oder mich berauschen an ihrer Größe.
Ist sie gut oder böse,
die Zeit?
Sie hat kein Gewissen,
sie weiß nur, daß wir sterben müssen,
wenn sie um ist, unsere Zeit.

JOCHEN KLEPPER (1903–1942)

Neujahrslied

Der du die Zeit in Händen hast,
Herr, nimm auch dieses Jahres Last
und wandle sie in Segen.
Nun von dir selbst in Jesus Christ
die Mitte fest gewiesen ist,
führ uns dem Ziel entgegen.

Da alles, was der Mensch beginnt,
vor seinen Augen noch zerrinnt,
sei du selbst der Vollender!
Die Jahre, die du uns geschenkt,
wenn deine Güte uns nicht lenkt,
veralten wie Gewänder.

Wer ist hier, der vor dir besteht?
Der Mensch, sein Tag, sein Werk vergeht:
nur du allein wirst bleiben.
Nur Gottes Jahr währt für und für,
drum kehre jeden Tag zu dir,
weil wir im Winde treiben.

Der Mensch ahnt nichts von seiner Frist.
Du aber bleibest, der du bist,
in Jahren ohne Ende.
Wir fahren hin durch deinen Zorn,
und doch strömt deiner Gnade Born
in unsere leeren Hände.

Und diese Gaben, Herr, allein
laß Wert und Maß der Tage sein,
die wir in Schuld verbringen.
Nach ihnen sei die Zeit gezählt;
was wir versäumt, was wir gefehlt,
darf nicht mehr vor dich dringen.

Der du allein der Ewge heißt
und Anfang, Ziel und Mitte weißt
im Fluge unserer Zeiten:
bleib du uns gnädig zugewandt
und führe uns an deiner Hand,
damit wir sicher schreiten.

RUDOLF OTTO WIEMER (1905–1998)

Was ich mir wünsche

Die Unermüdlichkeit der Drossel, da es
dunkelt, den Gesang zu erneuern.
Den Mut des Grases, nach so viel
Wintern zu grünen.
Die Geduld der Spinne, die ihrer Netze
Zerstörung nicht zählt.
Die Kraft im Nacken des Kleibers.
Das unveränderliche Wort der Krähen.
Das Schweigen der Fische gestern.
Den Fleiß der Holzwespen, die Leichtigkeit
ihrer Waben.
Die Unbestechlichkeit des Spiegels.
Die Wachheit der Uhr.
Den Schlaf der Larve im Acker.
Die Lust des Salamanders am Feuer.
Die Härte des Eises, das der Kälte
trotzt, doch schmilzt im Märzlicht der Liebe.
Die Glut des Holzes, wenn es verbrennt.
Die Armut des Winds.
Die Reinheit der Asche, die bleibt.

DIETRICH BONHOEFFER (1906–1945)

Von guten Mächten

Von guten Mächten treu und still umgeben
behütet und getröstet wunderbar, –
so will ich diese Tage mit euch leben
und mit euch gehen in ein neues Jahr;

noch will das alte unsre Herzen quälen
noch drückt uns böser Tage schwere Last,
Ach Herr, gib unsern aufgeschreckten Seelen
das Heil, für das Du uns geschaffen hast.

Und reichst Du uns den schweren Kelch, den bittern,
des Leids, gefüllt bis an den höchsten Rand,
so nehmen wir ihn dankbar ohne Zittern
aus Deiner guten und geliebten Hand.

Doch willst Du uns noch einmal Freude schenken
an dieser Welt und ihrer Sonne Glanz,
dann woll'n wir des Vergangenen gedenken,
und dann gehört Dir unser Leben ganz.

Laß warm und still die Kerzen heute flammen,
die du in unsre Dunkelheit gebracht,
führ, wenn es sein kann, wieder uns zusammen!
Wir wissen es, Dein Licht scheint in der Nacht.

Wenn sich die Stille nun tief um uns breitet,
so laß uns hören jenen vollen Klang
der Welt, die unsichtbar sich um uns weitet,
all Deiner Kinder hohen Lobgesang.

Von guten Mächten wunderbar geborgen
erwarten wir getrost, was kommen mag.
Gott ist bei uns am Abend und am Morgen,
und ganz gewiß an jedem neuen Tag.

MASCHA KALÉKO (1907–1975)

Nekrolog auf ein Jahr

Nun starb das Jahr. Auch dieses ging daneben.
Längst trat es seinen Lebensabend an.
Es lohnt sich kaum, der Trauer hinzugeben,
Weil man sich ja ein neues leisten kann.

Man sah so manches Jahr vorüberfliegen,
Und der Kalender wurde langsam alt.
Das Glück gleicht eleganten Luxuszügen
Und wir der Kleinbahn ohne Aufenthalt...

Im Wintersportgebiet hat's Schnee gegeben.
Wer Hunger hat, schwärmt selten für Natur.
Silvester kam. Und manches Innenleben
Bedarf jetzt fristgemäß der Inventur.

Wir gossen Blei und trieben Neujahrspossen.
(Minister formen meist den Vogel Strauß...)
Was wir im letzten Jahr in Blei gegossen,
Das sah verdammt nach Pleite-Geier aus.

Das Geld regiert. Wer hat es nicht erfahren,
Daß Menschenliebe wenig Zinsen trägt.
Ein braver Mann kann höchstens Worte sparen.
... Wenn er die Silben hübsch beiseitelegt.

Die Freundschaft welkt im Rechnen mit Prozenten.
Bald siehst du ein, daß keiner helfen kann.
Du stehst allein. Und die dir helfen könnten,
Die sagen höchstens: »... rufen Sie mal an!«

Nun starb ein Jahr. – Man lästre nicht am Grabe!
Doch: Wenn das Leben einer Schule gleicht,
Dann war dies Jahr ein schwachbegabter Knabe
Und hat das Ziel der Klasse nicht erreicht.

*

Abermals ein Jubiläum

Laßt uns, ihr Freunde, ohne viel Geschrei
dem nächsten Jubeltag entgegengehen!
Die Hälfte unsres Lebens ist vorbei.
Nun gilt es noch, den Rest zu überstehen.

Nichts gleicht dem vielgeschmähten Jugendrausch!
Und Lob des Alters – nichts wie saure Trauben.
Vernunft und Reife? Brüder, welch ein Tausch,
wenn man bedenkt, was uns die Jahre rauben.

Der Adler, er verlor die kühnen Schwingen.
Der Schmetterling, er wurde korpulent.
Die Nachtigall, sie hörte auf zu singen.
Der Löwe? Macht nun brav sein Testament.

Die Jahre ziehn, ein müdes graues Heer.
Und damals, das ist lange, lange her...

Weil alles so vergeht, was dich einst freute
und was dir wehgetan: Trink deinen Wein!
Was gestern morgen war, ist heute heute.
Was heute heute ist, wird morgen gestern sein.
Prägt euch das ein.

GÜNTER EICH (1907–1972)

Inventur

Dies ist meine Mütze,
dies ist mein Mantel,
hier mein Rasierzeug
im Beutel aus Leinen.

Konservenbüchse:
Mein Teller, mein Becher,
ich hab in das Weißblech
den Namen geritzt.

Geritzt hier mit diesem
kostbaren Nagel,
den vor begehrlichen
Augen ich berge.

Im Brotbeutel sind
ein Paar wollene Socken
und einiges, was ich
niemand verrate,

so dient es als Kissen
nachts meinem Kopf.
Die Pappe hier liegt
zwischen mir und der Erde.

Die Bleistiftmine
lieb ich am meisten:
Tags schreibt sie mir Verse,
die nachts ich erdacht.

Dies ist mein Notizbuch,
dies meine Zeltbahn,
dies ist mein Handtuch,
dies mein Zwirn.

Sieben Leben

Sieben Leben möcht ich haben:
Eins dem Geiste ganz ergeben,
So dem Zeichen, so der Schrift.
Eins den Wäldern, den Gestirnen
Angelobt, dem großen Schweigen.
Nackt am Meer zu liegen eines,
Jetzt im weißen Schaum der Wellen,
Jetzt im Sand, im Dünengrase.
Eins für Mozart. Für die milden,
für die wilden Spiele eines.
Und für alles Erdenherzleid
Eines ganz. Und ich, ich habe –
Sieben Leben möcht ich haben! –
Hab ein einzig Leben nur.

ERWIN WALTER PALM (1910–1988)

Andre Morgen kommen

Niemand geht wieder nach Hause und
niemand dreht sich um und sieht
den Morgen wieder oder den dünnen Rauch
über den Dächern.

Andre Morgen kommen, aber der nicht.
Überall brennen Feuer in der Frühe, aber
nicht dieses. Und hinter den Scheiben
die Frau ist um eine Nacht
anders.

Hinter jedem Schritt fällt die Zeit wie
ein Beil. Und wir treiben, Abgeschnittene, hinaus
ins Offene. Leuchttürme sind
von Erinnrungen, ferne auf Landzungen
vor der Küste.

Wir nehmen den Geruch mit von Erde und von
toten Blumen: wie alle Toten auf die Stunde warten
wenn der erste Rauch aus den Schornsteinen kommt
und durch das Kastanienlaub das
verbrannte Holz riecht.

Merke: alle die Dinge bleiben zurück,
Flinten und Angeln und Herd
und Eimer. Aber deine eignen Hände sind andre.
So anders wie die von Enkeln oder von deinem Vater
wenn du nach ihnen greifst. Denn niemand
ist es gegeben noch einmal zurückzugehen,
niemand noch einmal über die gleiche Schwelle zu gehn,
selbst einem Kind nicht.

ALEXANDER SOLSCHENIZYN (1918–2008)

Mit dir zu leben, Herr, ist mir ein leichtes!
Ein leichtes auch, an dich zu glauben!
Wenn mein Verstand in Zweifel nachläßt oder sich verliert,
wenn selbst die Geistigsten der Menschen nicht weiter sehen
als bis zum Abend des heutigen Tags
und nicht wissen, was morgen getan werden muß –
dann bescherst du mir die klare Gewißheit,
daß es dich gibt und daß du dafür sorgst,
daß nicht alle Wege des Guten verschlossen bleiben.
Auf dem Grate irdischen Ruhms
blicke ich mit Verwunderung auf den Weg zurück,
den ich mir selbst niemals hätte ausdenken können,
einen staunenswerten Weg durch die Hoffnungslosigkeit –
hierher, von wo aus ich auch der Menschheit
einen Abglanz deines Strahlenkranzes vermitteln konnte.
Und soweit ich weiterhin ihn wiedergeben soll,
wirst du dabei mir helfen.
Wofern mir dieses aber nicht gelingt – so heißt das,
du hast es Andern bestimmt.

PETE SEEGER (1919–2014)

Für alles kommt die Zeit

Für alles Tun auf dieser Welt
kommt die Zeit, wenn es dem Himmel so gefällt.

Die Zeit der Fülle, die Zeit der Not,
die Zeit der Sorge ums tägliche Brot,
die Zeit zum Speisen, die Zeit zum Fasten,
die Zeit zum Schaffen, Zeit zum Rasten.

Für alles Tun auf dieser Welt
kommt die Zeit, wenn es dem Himmel so gefällt.

Die Zeit der Saat, die Erntezeit,
die Zeit des Danks, daß es soweit,
die Zeit zum Schweigen, die Zeit zum Reden,
die Zeit zum Singen, Zeit zum Beten,
die Zeit zum Lachen, die Zeit zum Leiden,
die Zeit zum Kuß, die Zeit zum Scheiden,
die Zeit zum Nehmen, die Zeit zum Geben,
die Zeit zum Sterben, Zeit zum Leben.

Für alles Tun auf dieser Welt
kommt die Zeit, wenn es dem Himmel so gefällt.

Die Zeit der Furcht, die Zeit zum Mut,
die Zeit, die weit von bös und gut,
die Zeit zum Frieden nach all dem Leid,
denn Streit und Friede hat seine Zeit.

Für alles Tun auf dieser Welt
kommt die Zeit, wenn es dem Himmel so gefällt.

KURT MARTI (*1921)

Glückwünsche

1
daß du dir
(hie und da)
glückst

2
daß Glück
dich nicht blende
für Unglücke
anderer

3
daß Unglück
dich nicht verschlinge
für immer

4
daß dir
(ab und zu)
ein Glück für andere
glücke

5
daß dein Wunsch nicht sterbe
nach einer Welt,
wo viele (wo alle?)
sich glücken können

EVA ZELLER (*1923)

Postscriptum

Was ich noch sagen wollte
Wenn ich Dir
einen Tip geben darf
Ich meine
Ich bitte Dich
um alles in der Welt
und wider besseres Wissen:

Halte Dich nicht schadlos
Zieh den kürzeren
Laß dir etwas
entgehn

MICHAEL HAMBURGER (1924–2007)

Geburtstag

Eine Schaufel kratzt an Stein oder Beton.
Autogeräusche. Eines Kindes Stimme
Steigt auf überm Wirrwarr namenlosen Spiels.

Ein Nachmittag im August. Ich liege schläfrig
Auf der Gartenbank. Fünfzig Jahre zergehen
In heißer Luft, die den Schall von Geschehnissen
Trägt, deren Ort und Art
In der Schwebe bleiben. So war es
Für das Kindchen, gebettet auf einem Balkon
Zur Siesta-Zeit in einer entfernten Stadt;
Und ist es heute, hier. Das Gewußte und das Gesehene
Schwinden dahin. Ein Raum öffnet sich,
Füllt sich mit Dröhnen, mit Pochen von etwas,
Das nicht ich bin; mit Schreien auch, mit Kreischen;
Wird zur Summe meines Lebens, ein Zuhause,
Wo ich nicht wohnen kann – mit Spatzen,
Die stumm sind diesen Monat, und nur menschlichem
          Getriebe.

Anderswo liegt meine Mutter achtundachtzigjährig
Auf einem Liegestuhl und versinkt
In eben demselben Raum. Lebte mein Vater noch
Wäre er heute neunzig, das in ihm vernichtete Gewebe
Um fünfunddreißig Jahre vermehrt;
Aber die Geräusche und das Schweigen um ihn herum
Die gleichen; hier ihn zu empfangen, der Raum.

Ein Zug donnert vorbei. Weit weg knattert
Ein Preßlufthammer. Eine Tasse fällt, zerspringt.

ERNST JANDL (1925–2000)

glückwunsch

wir alle wünschen jedem alles gute:
daß der gezielte schlag ihn just verfehle;
daß er, getroffen zwar, sichtbar nicht blute;
daß, blutend wohl, er keinesfalls verblute;
daß, falls verblutend, er nicht schmerz empfinde;
daß er, von schmerz zerfetzt, zurück zur stelle finde
wo er den falschen schritt noch nicht gesetzt –
wir jeder wünschen allen alles gute

*

der gabentisch

ich stehe stumm
um den ganzen tisch herum

darauf liegen die vielen gaben
lauter nebensachen

wer hat sie mir gegeben?
mein leben

Prost Neujahr

Prost Neujahr, es war ein gutes Jahr.
Man blickt zurück und denkt an sich, an wen denn sonst,
fühlt sich nicht schlecht, man gibt sich recht –
      ja, was denn sonst,
die Liebe kam und ging vorbei, wie oft zuvor,
etwas gehetzt, doch sehr geschätzt, kam man empor,
wenn man's so recht bedenkt, es war ein gutes Jahr.

Das bißchen Neid, das bißchen Angst ist nun vorbei,
das Konto voll, die Feinde matt, man fühlt sich frei,
am Weihnachtsabend hat man gut und reich geschenkt,
und selbst der Nachbar weiß, daß man noch christlich
      denkt,
so ganz uneingeschränkt, es war ein gutes Jahr.

Du gabst das Rauchen auf und fühlst dich ganz als Held,
und trinkst nur das, was niemand andrer sich bestellt,
du bist versnobt und tust, als ob du es nicht wärst,
gehörst dazu, solang du noch zwei Wagen fährst,
und denkst so gern zurück an dieses gute Jahr.

Man blickt voraus und gießt sein Blei und wünscht
      sich sehr,
daß man im neuen Jahr ein gänzlich anderer wär',
daß man so jung und treu und gut wie nie zuvor,
doch die Gewohnheit lacht und singt dir sanft ins Ohr:
Nun trink mal brav den Sekt und mach dir doch
      nichts vor.

Prost Neujahr, es war ein gutes Jahr.

ELISABETH BORCHERS (1926–2013)

Gedicht für den Anfang

1
Gedichte sollen geschrieben werden
für euch
eigens für euch
weil ihr so jung seid
und wichtig.
Schon wieder eine neue Generation.

Gedichte für den Aufbruch und Ausbruch
weil ihr noch jung seid.
Noch seid ihr sehr jung.

Gedichte
die zeigen, worauf es ankommt.
Gemeint ist das Leben
mit Frage und Antwort darauf.

Aber das weiß ich nicht,
weiß es nicht mehr.
Und alles ist anders.
Seht euch doch um.
Und vergleicht es mit mir.
Doch wozu.

2
Drei Dinge noch seien gesagt:
Zum ersten gibt's schon Gedichte
die müßt ihr euch finden zum zweiten
zum dritten schreibt sie euch selbst.

Wenn es hart auf hart kommt.
So kommt's.
Und ihr mal allein seid.
Das kommt.

Und dann kommt rüber
es dauert nicht lang.
Das wird eine Freude.

*

Auftragsgedicht auf einen Geburtstag

Über Nacht
um dich her
in allen Farben
sind Rosen gewachsen,
über die schwarze
werf ich schnell einen Schatten.
Sieh nur wie schön,
und jedes Blatt
so groß wie ein kleines Gedicht.

GÜNTER BRUNO FUCHS (1928–1977)

Geburtstag

Vielleicht freust du dich
über diesen Korb mit Vogelliedern,
vielleicht freust du dich
über diesen Gesang

Lima lima
lima ruh –
lima ohlo
majadu

der bescheiden genug ist,
auf ein einziges Zeichen von dir
sofort zu verstummen.

GENRICH SAPGIR (1928–1999)

Neujahrssonett[1]

---

[1] *Kommentarsonett*
Im ersten Vers ist alles leer und weiß
Im zweiten gibt's nur schneeverwehte Spuren
Was längst vorbei ist – dritte Zeile zeigt's
Die vierte ist aus reiner Winterluft geboren

Vers fünf – geseufzt: das Frühlicht läßt sich Zeit!
Der sechste Vers bestehend aus Klavierakkorden
Der siebte ist geschrieben weiß auf weiß
Der achte (Kreuzworträtsel!) wartet auf die Worte

Und die Terzinen lassen reichlich Platz
Für das was man zum Neuen Jahr an Wünschen hat
Für alles was man oben noch nicht lesen konnte

Hauptsache man erkennt mein Schreibkonzept –
Aus weißen Klängen zu erwirken ein Konzert
Die Dichtung bleibt bloß Kommentar und kontert.

HANS MAGNUS ENZENSBERGER (*1929)

geburtsanzeige

wenn dieses bündel auf die welt geworfen wird
die windeln sind noch nicht einmal gesäumt
der pfarrer nimmt das trinkgeld eh ers tauft
doch seine träume sind längst ausgeträumt
es ist verzettelt und verbrieft

wenn es die zange noch am schädel packt
verzehrt der arzt bereits das huhn das es bezahlt
der händler zieht die tratte und es trieft
von tinte und von blut der stempel prahlt
es ist verzettelt und verbrieft

wenn es im süßlichen gestank der klinik plärrt
beziffern die strategen schon den tag
der musterung des mords der scharlatan
drückt seinen daumen unter den vertrag
es ist versichert und vertan

noch wiegt es wenig häßlich rot und zart
wieviel es netto abwirft welcher richtsatz gilt
was man es lehrt und was man ihm verbirgt
die zukunft ist vergriffen und gedrillt
es ist verworfen und verwirkt

wenn es mit krummer hand die luft noch fremd begreift
steht fest was es bezahlt für mich und telefon
der gastarif wenn es im grauen bett erstickt
und für das weib das es dann wäscht der lohn
es ist verbucht verhängt verstrickt

wenn nicht das bündel das da jault und greint
die grube überhäuft den groll vertreibt
was wir ihm zugerichtet kalt zerrauft
mit unerhörter schrift die schiere zeit beschreibt
ist es verraten und verkauft.

RICHARD EXNER (1929–2008)

Geburtstag

Daß du Licht
hast wie du Licht
bist, faßbare Zärtlichkeit
sterblicher Menschen –

daß du heftig
lebst, daß du
liebst und wieder-
geliebt weiter-
lebst und nie einsam
verkommst –

daß dein Herz
wächst und du nicht
alles erfährst –

daß du Zerbrechliches
schonst, auch mit
Worten: manchmal hält
eine einzige Zeile
die Schöpfung
in Gang.

All das
auf Vorrat.
Und Gefährten
unter sehr hellen
Himmeln.

für R. und D. Degenfeld

Jahr

Nur ein kleiner Umlauf.

Hitze, Nässe,
Obst auf der Erde.

Kaum einer sieht
an starken Bäumen
den schmalen neuen Ring.

Am Glück
versagen die Kalender.

Wie mißt die Stimme sich,
wie die Berührung?

Du bist das Jahr.
Sonst trägt es
keinen Namen.

Silvester

Während auf dem Platz	stiegen in den Himmel
vor der Kathedrale	wilde Hummeln, Luftheuler,
beim Läuten der Glocken	Schwärme und Frösche,
Hunde jaulten	bis das Glühen
und Paare Liebesworte	der Lichter, Lanzen, Sterne
tauschten, Fenster	zu einer fremdartigen,
und Türen sich öffneten,	über der Stadt stehenden
explodierten, zischten und	Glasmalerei wurde.

*

Erster Januar

Der Tag kündigt sich an durch Stille, er weiß:
die Erde hat ihre Reise wieder vollendet. Geblieben
ist die Not, ist die Nähe von Anfang und Ende,
geblieben sind die Rufe, die man erneut hören kann,
verschärft durch die Kälte. Das gewesene Jahr,
sichtbar hinter der Stadt, entfernt sich scheinbar, gealter-
tes Leben. Da ist der Schnee, der die Welt
bewohnbarer und fremder macht, zugleich, und
zunimmt. Die Spuren darin müssen neu entstehen,
nur ein wenig Sonne ist auf dem Weg. Die Zeit
fällt in Flocken, die eine Weile blenden und
morgen wegschmelzen werden.

Mit fünfzig

Wie sonst legen die Wolken
ihre Schatten aus
und die Dunkelheit
fängt wie sonst im Wald an.
Aber die Gesichter erzählen
nun ausführlicher.
Wer hat sich nicht getäuscht?
Warum machen wir
immer die gleichen Fehler?
Plötzlich gibt es Jahre,
in denen die Zahl
der bekannten Sätze überhand nimmt,
der Kalender sich beschleunigt,
das meiste mehr oder weniger schiefgeht,
rutscht, fällt.

Und doch wollen wir
eine gemeinsame Erwartung
nicht aus den Augen verlieren.
Morgens oder beim Gehen
rufen wir ihr das erste Wort zu,
berühren sie, indem wir uns nähern,
mit den Augen, ihre Farben und Umrisse,
ihre Festigkeit,
berichten auch den Steinen am Wegrand
von ihr, dem Luftdruck, den Entfernungen.
Sie verstehen alles.

Bleib erschütterbar und widersteh

Also heut: zum Ersten, Zweiten, Letzten:
allen Durchgedrehten, Ungehetzten,
was ich, kaum erhoben, wanken seh,
gestern an- und morgen abgeschaltet:
Eh dein Kopf zum Totenkopf erkaltet:
Bleib erschütterbar – doch widersteh.

Die uns Erde, Wasser, Luft versauen
(Fortschritt marsch! Mit Gas und Gottvertrauen)
Ehe sie dich einvernehmen, eh
du im Strudel bist und schon im Solde,
wartend, daß die Kotze sich vergolde:
Bleib erschütterbar – und widersteh.

Schön, wie sich die Sterblichen berühren –
Knüppel zielen schon auf Herz und Nieren,
daß der Liebe gleich der Mut vergeh …
Wer geduckt steht, will auch andre biegen
(Sorgen brauchst du dir nicht selber zuzufügen;
alles was gefürchtet wird, wird wahr –)
Bleib erschütterbar
Bleib erschütterbar – und widersteh.

Widersteht! Im Siegen Ungeübte;
zwischen Scylla hier und dort Charybde
schwankt der Wechselkurs der Odyssee …
Finsternis kommt reichlich nachgeflossen;
Aber du mit – such sie dir! – Genossen!
teilst das Dunkel, und es teilt sich die Gefahr
Leicht und jäh – –
Bleib erschütterbar –
Bleib erschütterbar – doch widersteh.

REINER KUNZE (*1933)

drei wünsche für das neue jahr

Durchsichtige zäune

Hartnäckige fragen (im nacken
ein wenig flaum)

Brücken die bei vormarsch
brechen

JOHANNES KÜHN (*1934)

Neujahr

Über Land kam
leis ein weißes Weinen,
nun liegt Schnee.
Die Zecher lärmen in den Häusern,
leergetrunkne Flaschen
fliegen aus den Fenstern
in die Kälte,
und auf manchem Flaschenmundstück
pfeift der Wind ein Rattenlied.

Angefangen hat das neue Jahr,
und mit Schüssen
boten sie ihm Gruß
an der Nacht so ferne
Sternenstirn.

Aber ich blas nur
meine Fäuste voll,
aber ich zähl nur
meine Finger ab,
soviel Stunden Glück
wären schon genug.

PETER BICHSEL (*1935)

Du hast nichts verpaßt

Wir treffen uns immer am Neujahr bei einem Freund, alle freuen sich darauf, aber alle haben wohl auch ihre Mühe mit dem »Immer wieder«. Nichts kommt so schnell immer wieder wie unser Neujahrstreffen, wie Weihnachten und Neujahr – kein Frühling, kein Sommer, kein Herbst. Der Winter ist lang, der Sommer ist lang – nur das Jahr nicht.

Otto F. ist gestorben in diesem Jahr – im September – und bereits ist auch das lange her, schon fast sehr lange. Ich habe ihn schon Dutzende von Malen nicht mehr getroffen in der Beiz. Und trotzdem, das Jahr, in dem er starb, war kurz – auch wenn er vor einem Jahr noch nichts, noch gar nichts von seiner Krankheit wußte. Das ist alles schon sehr lange her – mein erster Besuch im Spital, unser gemeinsames Hoffen, unser lustiger letzter Spaziergang – bereits Erinnerung, bereits weit weg. Und das Jahr war kurz, schon wieder Neujahr.

Im Sommer hat das noch nie jemand gesagt: »Schon wieder Sommer«, und »schon wieder Frühling« sagen wir auch nicht. Und ich frage mich, ob das Jahr auch für die Leute in Sarajewo, im Sudan, irgendwo in der ehemaligen Sowjetunion, im Irak ein kurzes war.

Weihnachten, so wissen wir, soll ein grauenhaftes Fest sein für Einsame – ein kleines bißchen sind wir alle wohl einsam, und so ist es halt dann ein kleines bißchen ein grauenhaftes Fest. Daß wir das Jahr als kurz empfinden, das ist wohl dann letztlich doch die Summe unserer Gelangweiltheiten. Wir haben uns ein Jahr lang gelangweilt mit Fußball-Weltmeisterschaften (mit glänzenden und gefeierten), mit Rekorden und Niederlagen, mit Schiffskatastrophen und Kriegen, mit NEAT und EU – und vor allem mit uns selbst.

Ich stelle mir vor, daß es klopfen würde an meiner Tür – gleich jetzt –, und Otto F. würde eintreten, zurückgekehrt, und sein »so« sagen. Er hätte wohl mit Recht den Eindruck, daß ich sehr viel länger gelebt hätte als er, drei Monate länger, und er würde mich mit Recht fragen: »Und – und was ist passiert in diesen drei Monaten?« Beschämt müßte ich gestehen: »Nichts, gar nichts, nichts Besonderes – alles dasselbe.«

Was würde ich meinem Freund H., der vor 14 Jahren gestorben ist, erzählen? »Du hast nichts verpaßt, gar nichts«, würde ich ihm sagen, und er würde böse, und er würde mich anschreien, denn er starb jung, und er hätte sehr gerne länger gelebt, und er hätte gelebt, und es hätte ihn interessiert. Ich würde ihm sagen: »Die Sowjetunion gibt es nicht mehr, die DDR gibt es nicht mehr«, und er könnte sich das im ersten Augenblick nicht vorstellen, und schon im zweiten wäre es für ihn so, wie wenn er es schon immer gewußt hätte. Er wäre übrigens heute noch, nach 14 Jahren, der Belesenere, und was er damals wußte, das wäre noch heute fast das ganze Wissen der Welt. Ich hätte heute noch ihn zu fragen, und nicht er mich.

Und selbst, wenn Goethe zurückkäme, ich hätte ihn wohl immer noch mehr zu fragen als er mich – er wüßte wohl noch immer mehr von dieser Welt als ich –, und das bißchen Technik – Flugzeug und Computer – würde ihn wohl nicht so sehr überraschen. Er war Naturwissenschaftler, ein interessierter Mensch.

Enttäuscht wären andere, Schiller etwa, der sich eine bessere Welt vorstellen konnte und wollte. Jean Paul, der im frühen 19. Jahrhundert an unser Jahrhundert, an das 20. Jahrhundert, glaubte. Enttäuscht wäre Marx – nicht, wie wir glauben wollen, über den Zusammenbruch der Sowjetunion, sondern über den Zustand der Welt, darüber, daß seine Beschreibung der Welt immer noch, und wieder zunehmend, zutrifft, das würde ihn nicht freuen. Und enttäuscht wäre – sollte er ein Mensch gewesen sein – jener Jesus von Nazareth, der an die Menschen und an das Leben glaubte. Überrascht wären sie wohl alle trotzdem nicht.

Oder gab es vielleicht doch Zeiten, und gibt es vielleicht Kulturen und Gegenden ohne diese grauenhafte Gelangweiltheit, die uns ein ganzes Jahr wie weggeschmolzen erscheinen läßt, ohne diese schale Gelangweiltheit, an die uns die Festtage Jahr für Jahr erinnern. Jedenfalls, so oder so, diese ungeliebten Festtage haben wir uns als Erinnerung an unsere Gelangweiltheit selbst verdient.

Max Frisch hat in einem Fragebogen die Frage gestellt: »Wen, der tot ist, möchten Sie wiedersehen?« Ich möchte dem anfügen: »Hätten Sie den Mut, jenen wiederzusehen, der selbst so gern noch gelebt hätte – und Sie hätten ihm nichts zu erzählen?«

DIETER HÖSS (*1935)

An Silvester nichts Neues

Trotz allen Wirbels:
keine große Zäsur, kein Jüngstes Gericht

Eigentlich ändert sich nichts – und zum Besseren schon gar nichts. Für die meisten ist der letzte Tag im Jahr ein Tag wie jeder andere – außer, daß der Kalender mit den Abreißblättern zu Ende geht und daß auf dem ersten Blatt des neuen eine rote Eins für den Neujahrstag steht. Für die meisten ist dieser 31. auch nicht die große Zäsur, der Augenblick der Schlußbilanz oder gar eine Art Jüngstes Gericht, wie man bei all dem Geknalle, Gelärme und Geschrei beinahe glauben könnte. Allenfalls gilt ein bitterer Erfahrungssatz, gefiltert aus vielen hoffnungsvollen Neuanfängen: Das Sicherste, was wir im neuen Jahr in Händen halten, sind die Rechnungen aus dem alten.

Arbeiter und Angestellte sehen das lang ersehnte und schwer erschuftete Endziel nach einem Marathon über viele Monate vielmehr im Beginn ihres Jahresurlaubs – irgendwann im Frühling oder Sommer. Für gestreßte Schüler und Lehrer, aber auch für die völlig überforderten Erziehungsberechtigten samt ihren Anwälten und Schulpsychologen ist die Zeugnisverteilung das wichtigste Ereignis – und danach natürlich die Ferien!

Daß trotzdem an Silvester ein solcher Wirbel veranstaltet wird, ist durch vernünftige Einwände nicht zu verhindern. Viele Bräuche gehen weit in die graue Urzeit zurück, als noch Dämonen und böse Geister das Finanzamt ersetzten, die es durch Lichter und Lärm zu vertreiben galt. Noch heute werden deshalb von den

Bergen in der Neujahrsnacht feurige Räder gerollt und Böllerschüsse über den Tälern abgegeben. Auch privat werden Millionen in den Himmel gejagt. Nebenbei werden Autos beschädigt, Hände verstümmelt und Gastgeberinnen von Silvesterpartys durch Knallfrösche verschreckt, die, statt sich in Prinzen zu verwandeln, in ihre Dekolletés hüpfen. Solche Partys gibt es massenhaft.

Auf anderen Feten wird derweil Blei gegossen oder es werden Karten gelegt oder man liest aus den Sternen oder dem Kaffeesatz. Auch die Zukunftsdeutung zum Jahreswechsel hat eine uralte Tradition. Wer an sie glaubt, der glaubt wohl auch daran, sich durch guten Willen einen Bonus für diese Zukunft verschaffen zu können. Also werden besonders zu Silvester immer wieder die besten Absichten spürbar, treten die längst vergessenen Vorsätze aus dem Vorjahr wieder in Erscheinung, macht sich allgemeiner Läuterungswille breit. Aber ach! So wie der neue Kalender noch kein wirklich neues Jahr, wie das neue Kalenderjahr keine bessere neue Welt herbeizaubern, so garantieren die besten Absichten und Schwüre noch keine nachfolgenden Taten. Die Absichten ertrinken im letzten, wirklich allerletzten Glas Bowle. Und die Schwüre, ach, die Schwüre...

Der Single, der Punkt zwölf seine Vorjahresblondine vor die Tür setzt, ist dadurch vor neuen Anfechtungen nicht gefeit – dieselbe Dame und andere Haarfarben inbegriffen. Der brave Familienvater, der seinem einzigen Laster, dem nächtelangen Skatspiel für immer abgeschworen hat, begegnet auf seinem allerletzten Heimgang vom »Goldenen Engel« vielleicht gerade jener

Blondine. Für Lebensphilosophen nur die Bestätigung des ersten allgemeinen Silvestergesetzes: Die Summe aller Laster bleibt konstant.

Wie die guten Vorsätze verflüchtigen sich auch Erwartungen, Hoffnungen, Illusionen. Wer im Vorjahr vergeblich auf einen Handwerker gewartet hat, kann es getrost weiter tun. Wer ein Jahr ohne Arbeit und voller Schulden war, kommt bestimmt nicht schlagartig am Ersten zu einem Job und in die schwarzen Zahlen. Wer im neuen Jahr eine neue Politik erwartet, hat sich auch geschnitten. Alle Versprechungen sind Schnee von gestern!

So bestätigt sich die eingangs gemachte Beobachtung: Eigentlich ändert sich nichts – und zum Besseren schon gar nichts. Das mag den einen deprimieren und den anderen beruhigen – je nach Erwartung und Temperament. Ich kannte einen, der zeigte sich an Silvester nie besonders begeistert, noch zeigte er sich auf irgendeine Weise beunruhigt. Allerdings besaß er zeit seines Lebens eine gesunde Abneigung gegen die alljährlich wiederkehrende Knallerei — und einen ebenso gesunden, alle Knallfrösche und Kanonenschläge überdauernden Schlaf. Er ging wie an anderen Tagen pünktlich um zehn zu Bett und verschlief so den Jahreswechsel samt der ganzen Ballerei. Am Neujahrsmorgen war er immer schon wieder der Munterste.

HANS SCHEIBNER (*1936)

Neujahrsbedenken

Als das alte Jahr
noch ein neues war,
war das alte Jahr,
das schon vorher war,
das alte Jahr.

Aber als nun gar
jenes alte Jahr,
welches vorher war,
noch ein neues war,
war das alte Jahr
noch kein Neues Jahr,
sondern gar nicht da.

Aber jenes Jahr,
das nicht da war, war
schließlich da, und zwar
als das Neue Jahr,
das nun alt ist. Ja!

Aber eins ist wahr:
daß das neue Jahr
mal ein altes Jahr
werden wird und gar
ein sehr altes Jahr,

das schon vorher war,
ja, das glaubt man zwar,
weil es stets geschah –
aber Vorsicht da!

Denn kein Neues Jahr,
das noch gar nicht war,
ist als Jahr schon da.
Ist das klar?
Prost Neujahr!

Neujahr

An diesem Tag, könnte man denken,
sind die Straßen
noch belebter als sonst.
Sternförmig strömen
die Menschen auf die großen
öffentlichen Plätze.
Und ein Rufen beginnt,
ein Winken,
ein Händeschütteln von Unbekannt
zu Unbekannt.
Denn wenn wir im Grunde
doch alle dasselbe
wollen –
warum also
wollen wir es nicht?
Und die einfachen Antworten
werden hervorgeholt,
die der Mut
gültig macht
auch für die komplizierten
Fragen.
An diesem Tag, könnte man denken,
sind die Straßen
noch belebter als sonst.
Nicht ausgestorben wie jetzt,
elf Uhr vormittags,
wo der Wind über den Asphalt
die leeren
Hülsen der Schwärmer rollt.
Hinter geschlossenen Fenstern,

erschöpft
und mit pelziger Zunge,
Heere von Schläfern.
Ohne Glauben an die Kraft
Ihrer Wünsche
Ließen sie die besten zurück
Schon ein paar taumelnde Schritte
hinter der Schwelle
zum neuen Jahr.

VOLKER BRAUN (*1939)

Die ewige Beschäftigung mit der Zukunft

Sie sagt sich fortwährend an.
Ihre Visitenkarte: eine Kleinanzeige
In Form eines Transparents.

Frag mich nicht, was sie bringt
Abgeblätterte Aussichten.
Das ist dann das Neuste.

Sie vergißt dir gewiß die Hälfte
Wir werden alle älter, auch sie.

(Wenn schon kein neuer Text, aber vielleicht
Diesmal der gestrichne!)

Über die Schwelle der Jahre schwappt
Eine undefinierbare Brühe.

In der Zukunft kennen wir uns schon aus.

Biete ihr deinen Platz an
(Dann jedenfalls ist nichts verloren).

Sie kann längst nicht mehr wie sie will.
Sei nachsichtig, wenn schon nicht zuvorkommend:
Man muß mit allem rechnen.

Woher wissen wir eigentlich
Daß es sie gibt?

Ja, wenn sie schwanger ginge
Die Zukunft mit der Zukunft!

Vielleicht gehst du ihr doch entgegen
Auf die Gefahr hin, sie nicht zu erkennen.

Oder stehen die Türen offen
Weil sie uns schon verlassen hat?

Wirklich schon wieder ein Jahr?
Ist das schon so lange her,
wirklich schon wieder ein Jahr?
Noch weht mir der Wind von der See her entgegen,
Noch find ich Sand in meinen Hosenumschlägen
Und Dünengras in meinem Haar,
Spür auf meinen Lippen das Meer;
Wirklich schon wieder ein Jahr?

Wirklich schon wieder ein Jahr?
Ist es schon wieder so spät?
Mir taut noch der Vorjahrsschnee von meiner Mütze.
Um meine Schuhe entsteht eine Pfütze.
Auf dem gewachsten Parkett
Werd ich den Winter gewahr.

Wirklich schon wieder ein Jahr?
Ist also morgen schon heut?
Noch schwirren vom vorigen Sommer die Mücken
Um meinen Kopf, meine Finger zerpflücken
Akazienblätter, zerstreut:
Ein wenig, von Herzen... Ist's wahr?

Wirklich schon wieder ein Jahr?
Die Tage hab ich nicht gezählt.
Noch raschelt verwelktes Laub unter den Schritten,
Im vorigen Herbst von der Hecke geschnitten.
Noch glimmt Erntefeuer im Feld,
Flammenlos, kaum wahrnehmbar.

Bin immer noch, der ich war,
Erwachsener werd ich wohl nicht.
Ich hab einen Jahresring mehr, wie die Bäume,
Eine dickere Rinde, ein paar neue Träume
Und Lachfalten mehr im Gesicht.
Wirklich schon wieder ein Jahr?
Wirklich schon wieder ein Jahr!

*

Ich denk', es war ein gutes Jahr

Der Rauhreif legt sich vor mein Fenster,
Kandiert die letzten Blätter weiß.
Der Wind von Norden jagt Gespenster
Aus Nebelschwaden übers Eis,
Die in den Büschen hängenbleiben
An Zweigen, wie Kristall so klar.
Ich hauche Blumen auf die Scheiben
Und denk, es war ein gutes Jahr!

Sind ein paar Hoffnungen zerronnen?
War dies und jenes Lug und Trug?
Hab nichts verloren, nichts gewonnen,
So macht mich auch kein Schaden klug.
So bleib ich Narr unter den Toren,
Hab ein paar Illusionen mehr,
Hab nichts gewonnen, nichts verloren,
Und meine Taschen bleiben leer.

Nichts bleibt von Bildern, die zerrinnen.
Nur eines seh ich noch vor mir,
Als läg ein Schnee auf meinen Sinnen
Mit tiefen Fußstapfen von dir!
Mir bleibt noch im Kamin ein Feuer
Und ein paar Flaschen junger Wein.
Mehr Reichtum wär mir nicht geheuer
Und brächte Sorgen obendrein.

Du kommst, den Arm um mich zu legen,
Streichst mit den Fingern durch mein Haar:
»Denk dran, ein Holzscheit nachzulegen...
Ich glaub, es war ein gutes Jahr!«

MICHAEL KRÜGER (*1943)

Geburtstagslitanei
Rom, 9.12.84

Es war zu klamm in den Zimmern
und zu einsiedlerisch, um mit Genuß
in der Zeit nach der Kindheit
zu stochern, nach Keim und Funke,
nach dem süßen Quellpunkt,
der seit einundvierzig Jahren
das Buch füllt mit giftiger Tinte.
Schon der Morgen war wie ein Abend,
es hatte keinen Sinn, sich zu rasieren,
ein unbesiegbarer Schlaf lag träge
über den Möbeln, und die Gefahr,
einem Spiegel zu begegnen, hielt mich
im Sessel gefangen. (Die Welt
soll altern ohne mich.) Verbogen
saß ich da, wie im Märchen, und ließ mich
befragen von der raschelnden Kälte,
das klopfende Taubenherz verborgen
unter der nicht mehr wärmenden Decke.
Keine Antwort im verstockten Gehäuse,
kein Schrei, kein Wunsch, empfangen zu werden,
nur ein ziehendes Winseln, das nicht
zu beruhigen war. Um mich herum
die Bücher, die treulos Treuen,
mit einem Heiligenschein aus Zetteln,
die ihre Unendlichkeit zusammenraffte
im verlogenen Zitat. (Das Ganze:
zerschrieben; und wieder gefügt im System,
bewacht von blinden Priestern,
die maulfaul Auskunft geben – daß man sich
schicken soll, den Ort gelehrter Dummheit

schleunigst zu verlassen.)
(Die Decke roch nach Rauch
und nach Geschichten: *Dies ist die Zeit,*
die ich mir vorbehielt.)

Es war zu klamm in den Zimmern,
zu kalt für schnelle Heilung und Rettung.
Nur das Zupfen und Zerren der Erinnerung,
ein Hund, der dich aus deinem blöden Traum
von Einsamkeit entführen will:
es war nicht gut,
es wird nicht gut,
gut kann es nicht mehr werden,
steh auf und komm, versunkne Kontinente
zu entdecken. Ich blieb.
Vor einem Jahr um diese Zeit
ein Hagelschauer Telegramme
in einer unbekannten Sprache, die ich
mir übersetzen ließ: bitte erlauben sie mir
ihnen zu sagen, daß man sich selbst
begleiten muß – natürlich ohne Unterschrift.
die erinnerung ist nur ein vorspiel
um ihren mangelnden sinn für wunder
zu trainieren – und so weiter,
ein halbes Dutzend aufgekratzte Zettel,
die mir die Sprache nahmen. Bis Mai
hingen sie als Fahne der Hoffnung
neben der Tür an der abblätternden Wand,
dann wurde ich ungeduldig: wenn jetzt nicht
sofort ein Wunder passiert...
Später fuhr ich ans Meer,
um wieder und wieder die Wellen zu sehen
und die Steine, und machte mir Notizen
über die ›Ordnung ihrer Geburt‹,
um von mir abzulenken. Es half nichts,
wenn ich mich richtig erinnere,

ich war zu verschieden von der Welt,
um mich gehenzulassen, also ging ich
der Welt trotzig davon (und ließ den Schlüssel
zurück, mit dem ich mich hätte aufschließen
können für die vermeintlichen Wunder
der Gegenwart).

Es war klamm in den Zimmern,
und als ich mich endlich aufgerafft hatte,
das Haus zu verlassen und schon im Mantel
unter der Tür stand, zog es mich wieder zurück
(wie immer, wenn man nicht darauf gefaßt ist,
bricht die alte Krankheit wieder auf:
zu bleiben, um sich zu bestrafen –
und draußen zieht das unbekannte Leben
seine Bahn). Ich konnte mich nicht überreden,
von mir abzulassen; ich blieb.
Um mich herum die Bilder,
die sich beharrlich der Zerstörung entziehn,
die Gesetzgeber in kleinen Formaten,
sorgfältig über die kalten Wände verteilt.
Jede Republik ist wie ein natürlicher Körper,
erzählen sie, die letzten Erzähler,
der wie jeder natürliche Körper verfällt.
Gichtverbogene Greise, deren verdrossenes Murmeln
an den brüchigen Mauern des Reiches verhallt,
und hinter ihnen korrupte Ärzte,
das Herz schwer von Münzen,
die mit starrem Blick auf die Macht
den lebendigen Blutstrom drosseln.
Nur noch Beute. Nur die Bilder bleiben.
Und nur der ›in sich gekrümmte Mensch‹
vermag die Bilder zu sondern:
das Bild einer Welt, die zerfließt,
und das Bild einer Welt, die versteinert;
zu retten ist nur die Zerstörung

(dem Beschreiben steht nichts mehr im Wege)
am Ende der Gegenwart, die zwischen
ihren klappernden Kiefern genüßlich
das dürre Ergebnis der Rätsel zerkaut.
Und diese Welt willst du beleben?
Politische Leiden lassen sich am Anfang
schwer erkennen, aber leicht heilen,
am Ende leicht erkennen, aber schwer heilen.
Troll dich, verdammter Narr!

Es war klamm in den Zimmern
und kalt. Ich sah, wie mein Lebensjahr,
der hinkende Bruder mit zu kurzem Bein,
der Bruder Klumpfuß, hinter dem Großen Jahr
leuchtete. Ich sah, wie das Buch sich füllte
mit scheppernden Echos von Echos des Glücks.
Ich hörte, verkrochen in meine Decken,
den undeutlichen Stimmen zu, die angeblich
im Namen der Kindheit, im Namen des Zufalls,
im Namen der Zeit und im Namen des Todes
mit zischelnder Sprache mich drängen:
Geh!
Ich blieb. Ich konnte nicht anders.
Übersintert von Angst hockte ich da
in selbstgewählter Verknechtung
und zählte die Stunden.
Du mußt Feuer machen, wenn es alt ist.
Du mußt die Kreisbahn verlassen,
wenn du nicht zurück willst.
Versuche, den Schrei, vor langer Zeit gehört,
zu beschreiben im Moment seines Verstummens,
den verebbenden Nachhall, wenn die Vögel
plötzlich dankbar aus den Zweigen fallen.
Vertreibe die Zeit.
Mein Jahr ist um. Was ist geschehn?
Zwei Hunde starben.

ELISABETH PLESSEN (*1944)

Two elderly ladies

Zur Knallerei um Mitternacht
ich wollte nicht allein sein
gingen Danka Tolek und ich mit dem Hund
auf die weiße Rehwiese hinaus
wir sahen zu wie bunte Sterne
und Geschosse in den Himmel fuhren
und der Zauber hinter
verschneiten Bäumen zerplatzte
wir rutschten auf unseren Goretex-Mänteln
die Abhänge hinab
Schuß
ins neue Jahr
in dies neue Jahr

CHRISTOPH KLIMKE (*1959)

Am Neujahrsmorgen
seltsame Aussichten
schneit es gen Himmel
geht der Blick
kein Eingel in Sicht
nur unser Hund wüßte
ihn zu orten im Wind
ganz Berlin schläft
noch auf dem Landwehrkanal
rudert ein Schwan
mit den Flügeln
übers Eis jetzt
nehmen wir uns
nichts vor
bis zur Silvesternacht

*

Natürlich wieder   wie wir
die letzte Nacht   uns wollen
des Jahres   ein ganzes Leben
wird ein Kater   hungrig und
uns umschleichen   selten mutig
auf der Jagd   wie er
nach Beute   seinen Weg weiß

DURS GRÜNBEIN (*1962)

Begrüßung einer Prinzessin

Willkommen an Bord, Däumling du, Menschlein, brandneu.
Zierliche Nymphe, zitternd wie Espenlaub, Milchtrinker, Wicht.
Alles dank dir, Glückskind, beginnt nun, gut griechisch, mit *Eu…*
Wie sie dich halten, Krabbenfang, ängstlich, daß nichts zerbricht.
Vergiß deine Höhle, die Mutter. Sieh sie dir gut an von draußen.
Beim Stillen, im Schlaf, halt dich fest, kleine Knospe am Stamm.
Laß die Welt ihre Runden drehen, ein fernes Ohrensausen.

Du bist die Mitte, um dich gehts: die zweieinhalbtausend Gramm.
Arme Gotik, was sind die Türmchen aus feinster Brüsseler
       Spitze
Gegen das Filigran deiner Finger, dein perlmuttfarbenes Ohr?
Puppe aus Marzipan, die Windeln voll Kindspech-Lakritze.
Nichts ist so kostbar wie im Augenwinkel der erste Koh-i-noor,
Wenn du weinst, Primadonna, Ballerina auf allen vieren.
Was ist die Pawlowa, sterbender Schwan, gegen dich Kücken?

Gestern kam Onkel Bach zu Besuch: über die Schläfen
       spazierend.
Wie dein Mund sich im Saugreflex schloß. Dein stilles
       Entzücken.
Il dolce stil novo? Verzeih mir. Dein Vater haut auf den Putz.
Nur weil er sonst nichts zu bieten hat. Vor allem nicht *diese*
       Brust.
Wie schlau von dir, jetzt zu kommen. Hast den Sommer genutzt.
Sei gegrüßt, kleine Löwin, geboren im hellen Monat August.

Themen und Motive

Die Zeit

Zukunft

Vorschläge für Lesungen

Inhalt und Quellenverzeichnis

Radius-Verlag · Alexanderstraße 162 · 70180 Stuttgart
Fon 0711.607 66 66   Fax 0711.607 55 55
www.Radius-Verlag.de   e-Mail: info@radius-verlag.de